산과 강은 바다에서 만나고

나남
nanam

정치학자 임혁백 교수와 떠나는 지중해 역사문화

산과 강은 바다에서 만나고

2014년 10월 5일 발행
2015년 12월 5일 2쇄

지은이 • 임혁백
발행자 • 趙相浩
발행처 • (주) 나남
주소 • 413-120 경기도 파주시 회동길 193
전화 • (031) 955-4601(代)
FAX • (031) 955-4555
등록 • 제 1-71호(1979.5.12)
홈페이지 • http://www.nanam.net
전자우편 • post@nanam.net

ISBN   978-89-300-8764-3
ISBN   978-89-300-8655-4(세트)
책값은 뒤표지에 있습니다.

정치학자 임혁백 교수와 떠나는 지중해 역사문화

산과 강은 바다에서 만나고

임혁백 지음

나남
nanam

Mountains and Rivers
Meet in the Sea

Journey to Mediterranean History and Culture
with Political Science Professor Im

by   Im, Hyug Baeg

nanam

이 책을 밝고 따뜻한 하늘나라로 가신 어머님께 바친다.

디오니소스적 여행론

독일의 대문호 괴테(Johan Wolfgang von Goethe)는 37세가 된 1786년에서 1788년까지 2년간 이탈리아를 여행하였는데 후학들이 당시 괴테의 이탈리아 여행 노트와 일기를 기초로 《이탈리아 기행》(*Italienische Reise*)을 출판했고, 헝가리 출생의 작곡가 리스트(Franz Liszt)는 스위스, 이탈리아, 그리고 다른 유럽지역을 '순례'(*pilgrimage*)한 뒤, 〈순례기〉(*Annes de Pelerinage*) 3부작(1부: 스위스, 2부: 이탈리아, 3부: 기타 지역들)을 작곡하며 날카롭기만 했던 그의 음악은 원숙해졌다. 독일의 시인 릴케는 22살이었던 1897년에서 1898년까지 두 차례에 걸쳐 이탈리아 베네치아와 피렌체를 여행하고 난 뒤 눈부신 문학적 도약을 이룩했고, 그의 걸작 《말테의 수기》(*Die Aufzeichnungen des Malte Laurids Brigge*)는 살로메 부부와의 러시아 여행 그리고 파리 여행에서 로댕과의 만남이 그에게 준 선물이었다.

괴테는 '이탈리아 기행'을 하고 난 뒤, '질풍노도'(*strum und drank*)

괴테의 이탈리아 여행

괴테는 인스브루크, 브레너 고개(Brenner Pass)를 거쳐 이탈리아로 이동해 가르다 호수, 베로나, 비첸차, 베네치아, 볼로냐, 로마, 나폴리, 시칠리아를 여행하고 배를 타고 로마로 돌아왔다가 이탈리아의 서지중해로 올라가 오스트리아를 만났고 알프스를 넘어 바이마르로 돌아오는 여정을 하였다.

시대 이후 절벽처럼 막혀 있던 그의 영혼은 자유를 되찾았고 괴테 문학의 새로운 전기를 마련하였다. 괴테는 이탈리아 여행을 통해 "나는 나자신을 되돌아오게 했다"라고 선언하면서 "정신은 확고부동한 것이 되었고 따뜻한 것을 잃지 않는 진지한 것이 되었으며, 즐거움을 잃지 않는 침착성을 얻었다"고 고백했다. 그렇다. 여행은 자유를 갈망하는 자들만의 특권이다. 괴테가 우울하고, 어둡고, 우중충한 북유럽 바이마르를 떠나 따뜻하고, 밝고, 낙관적이며, 열정적이면서도 자유로운 남유럽 이탈리아를 여행하기로 결정했듯이 필자 부부와 김찬영 교수 부부로 구성된 유럽여행 4인방은 하늘에 닿을 듯이 솟아오른 이탈리아 알프스 돌로미테의 바위산들과 이탈리아 중부 지중해 연안의 피사, 볼로냐, 라스페치아, 괴테가 방문한 중부 이탈리아의 종교도시 아시시와 몬테풀치아노의 포도원, 지중해의 로맨스가 있는 친퀘테레, 로미오와 줄리엣의 베로나, 르네상스를 탄생시킨 피렌체, 피렌체의 두오모(대성당)보다 더 아름다운 두오모를 자랑하는 시에나를 지나 해상도시국가 베네치아 덕분에 더 아름다워진 서아드리아 해를 지나 동아드리아 해에서는 옛날 옛적 해적선들이 베네치아 상선대를 약탈하기위해 숨어 기다렸던 달마티아 지역의 리아스식 해안과 섬들을 찾아가 보기로 했다.

필자는 미국 시카고대학교에서 오랫동안 유학생활을 했고 귀국 후 이화여자대학교, 고려대학교에서 학생들을 가르치면서 연구년을 미국 워싱턴 D. C. 소재 조지타운대학교와 캘리포니아 실리콘밸리 스탠퍼드대학교, 노스캐롤라이나의 듀크대학교에서 보냈기 때문에 미국의 거의 전 지역을 여행하였으나 유럽의 주요 도시들은 국제회의 참석 시 '고양이 세수하듯' 주마간산(走馬看山)으로 둘러보았을 뿐이다. 특히 아드리아 해의 동쪽 해변은 필자에게는 미답(未踏)의 신세계였다. 필자의 부인 김은희는 필자보다 더 오랫동안 미국에서 체류하였으나 유럽 도시는 들러본 데가 그리 많지 않았다.

동반한 김찬영 교수는 고등학교와 대학 동기이자 절친한 친구이다. 그는 일찍이 미국 시카고로 도미하여 지금은 루슨트 테크놀로지로 알려져 있는 세계적인 IT 연구개발회사인 AT&T Bell Labs에서 장기근무하면서 시카고대학교에서 MBA를 취득한 뒤 귀국하여 카이스트(KAIST)에서 경영학박사를 취득하고 현재 동양미래대학교의 경영학부 교수로서 교육과 연구를 하고 있다. 김 교수 부부는 등산과 여행을 좋아해 유럽을 비롯해 전 세계를 발로 걸어 돌아다녔고, 특히 몇 년 전, 김 교수가 괴팅겐대학교에서 연구년을 보낼 때 유럽의 주요 경승지를 꼼꼼하게 탐방한 유럽여행의 유경험자들이었다. 그럼에도 불구하고 필자 부부와의 공통점은 아름다운 크로아티아의 아드리아 해를 보지 못했다는 것이었다. 그래서 두 부부는 김 교수가 연구년을 보낸 중부 독일 괴팅겐 시를 베이스캠프로 해서 2013년 7월 1일부터 7월 27일까지 중부유럽, 지중해, 아드리아 해를 '순례'하기로 했다.

우리 유럽여행 4인방은 괴테가 한 것처럼 우울하고 우중충한 북유럽보다는 밝고 자유로운 아드리아 해와 지중해로 가기로 결정했으나, 괴테처럼 인생 여정에서 획기적인 도약을 할 수 있을 것인가에 대해서는 확신이 없었다. 먼저, 우리는 괴테가 아니었다. 여행은 자아발견이다. 괴테는 이탈리아 여행을 통해 진정한 자아를 발견했고 그것을 바탕으로 그의 문학여정에 새로운 길이 열렸지만, 우리는 과연 한 달간의 여행을 통해 숨어 있는 자아를 발견할 수 있을지에 대해 자신이 없었다. 그렇다고 무작정 훌쩍 여행을 떠날 수도 없는 형편이었다. 왜냐하면 가족이 동행하고 있었기 때문이다. 결국 평생의 동반자인 부인들과 동행하면서 한편으로는 동경하면서 다른 한편으로는 외경했던 지중해와 아드리아 해의 자연과 역사를 만나기로 했다. 우리는 자연의 아름다움과 무서움, 역사의 위대함과 교훈을 동시에 만나고, 소통이 어려운 현지 사람들과 소통하며 그 나라의 문화를 익히고, 우리를 전혀 모르는 그들 속에서 우리의 자아를 발견하기 위해 2013년 7월 초하룻날 북유럽 괴팅겐을 떠났다.

본격적으로 여행에 들어가기에 앞서 필자의 여행론에 대해 이야기할까 한다. 괴테는 《이탈리아 여행》에서 "자신이 보았던 장소, 인물, 그리고 사물들을 묘사하는 것으로 그치지 않았다. 그가 가장 중시했던 것은 그것들을 보는 자신의 심리상태였다"라고 말했다(W. H. Auden, Epigraph on *Italian Journey*). 역시 필자도 여행을 통해 본 것들을 묘사하는 데에 그치고 싶진 않지만 과연 괴테와 같이 심리 상태를 묘사할 수 있을지에 대해서는 의문이다. 괴테가 《이탈리아 여행》에서 베로나의 원형극장을 보면서 "타원형의 단순한 극장 형태는 누구의 눈에나 아주 편안하게 느껴졌고, 각자의 머리는 극장 전체가 얼마나 엄청난 규모인가를 측정해 주는 척도의 구실을 하였다. 그러나 지금처럼 텅 비어 있는 상태로 보면 판단할 기준이 없기 때문에 이 극장의 크기를 가늠할 수가 없다"(요한 볼프강 폰 괴테, 박영구 역, 《괴테의 그림과 글로 떠나는 이탈리아 기행 1》, 생각의 나무, 2003: 58)라고 생각한 것처럼 괴테는 로마인들이 베로나에 남긴 거대한 아레나(*arena*, 원형경기장)를 천재적인 상상력과 분석력을 가지고 그 위대한 건축물을 묘사하였다. 일반 여행객이 그런 상상력과 분석력을 가지고 사물을 볼 수 있을까?

그렇다면 우리는 괴테처럼 부단히 지식을 탐구하는 여행을 할 수 있을까? 그렇지 않다면 우리는 어떤 여행을 해야 하는가?

여행에 관한 이론에는, 첫째, 괴테의 '신고전주의(*neo-classical*) 여행론'이 있다. "지금의 나에게는 책에서도 그림에서도 얻을 수 없는 감각적인 인상이 중요한 것이다. 내게 필요한 것은 다시 세상일에 관심을 갖고, 나의 관찰력을 시험하는 것이다. 나의 학문이나 지식이 어느 정도인지, 나의 눈은 맑고 순수한지, 얼마나 많은 것을 신속하게 파악할 수 있는지, 나의 정서에 각인된 주름을 원상대로 지워버릴 수 있는지의 여부를 음미할 것이다"(괴테, 박찬기·이봉무·주경순 역, 《이탈리아 기행 1》, 민음사: 56). 괴테는 이탈리아 여행을 통해 그의 예술적 재창조(*wiedergeburt*) 능력을 점검하려 했고 이를 위해 2년여에 걸친 장기간의 자기교육(*selbstbildung*, *self-education*)에 들어갔다.

인생 자체가 하나의 긴 여행이기 때문에 우리는 특정한 여행을 할 필요가 없을지 모른다. 그러나 괴테처럼 '계획된 여행'을 할 경우, 여행의 전 과정을 통해 자기존재를 확인하고, 재발견하며 자신의 참 자아를 찾고, 더 나아가서는 우리의 자아 위에 있는 초월적 존재와 만나는 여행을 기획해야 한다.

둘째, 보들레르의 '탈출의 여행론'이 있다. 탈출의 여행론자들은 그저 일상에서 탈출하기 위해 까닭도 없이 떠나는 여행론을 외치는 사람들이다. 도피선으로의 여행은 탈출의 여행과 형태는 비슷하나 본질은 다르다. 질 들뢰즈(Gilles Deleuze)는 프란츠 카프카(Franz Kafka)의 《변신》에 나오는 게오르그 잠자가 동물로 변신한 사건을 도피성 여행으로 불렀다. 도피의 여행은 탈출의 여행보다 더 급진적이고, 강렬하고, 분열증적인 성격을 띤다. 이는 침몰하는 난파선으로 가는 여행이다(신범순, 2005). 여류작가 남인숙은 일종의 탈출의 여행론을 《여자, 거침없이 떠나라》라는 여행서에서 피력한다. 그녀는 일상에서 좌절과 혼란에 빠져 있다면 나를 둘러싸고 있는 모든 것들로부터 '거침없이 떠나야' 한다고 주장한다. 그러나 그녀는 조심스럽다. "여행을 해도 따라오는 짜증나는 일상에서 완전히 탈출하라는 얘기가 아니에요. 다만 그 일상에만 시선을 빼앗겨서 창밖의 근사한 풍경을 놓치지 말라는 이야기에요." 남인숙에 의하면 트래블(travel)의 본뜻은 '고생하다'이다. 따라서 '편안함' 또는 '휴식'을 위해 여행을 가는 것이 아니라 '휴식의 추억', '여행에서 돌아온 후의 추억' 때문에 여행을 간다는 것이다. 그 추억을 가지고 짜증나고 숨 막히는 일상의 시간들을 버틸 수 있는 힘을 얻는다는 것이다(남인숙, 2008: 218). 남인숙은 '떠나기 위해 떠나지 말라'고 여행자들에게 충고함으로써 그녀가 보들레르적인 탈출의 여행론자와 거리가 있다는 것을 보여준다. 언제나 떠날 준비가 되어 있어야 하고 스스로에게 먼저 떠나라고 충고하지만 결국 그녀가 주장하는 여행론은 자신을 변화시키고 더 나은 가치를 위해 일상에서의 일탈이라는 여행을 주저 없이 시도하라는 것이다. 이 점에서 남인숙의 여행론은 괴테의 신고전주의 여행론과 보들레르의 탈출의 여행론을 혼합한 절충주의 여행론이다.

셋째, 장자의 소요유적(逍遙遊的) 여행론이 있다. 장자는 《소요유》편(逍遙遊篇)에서 북명(北冥)에 있는 곤(鯤)과 붕(鵬)이라는 거대한 고기와 새에 관한 이야기를 하면서, 소요유적 여행론을 피력하였다. 곤은 크기가 수천 리나 되는 거대한 고기, 붕은 등이 수천 리나 되는 거대한 새인데 이들이 한번 솟구쳐 하늘을 날면 순식간에 남쪽 바다(南冥)로 가는데 그곳은 하늘만큼 큰 연못, 천지(天池)이다.

北冥有魚 其名爲鯤
鯤之大 不知其幾千里也
化而爲鳥 其名爲鵬
鵬之背 不知其幾千里也
怒而飛 其翼若垂天之雲
是鳥也 海運則將徙於南冥
南冥者 天池也

북명 바다에 물고기가 있는데 그 이름은 곤이다.
곤은 크기가 매우 장대해서 몇 천리나 되는지 모른다.
곤이 화하여 새가 되면 그 이름을 붕이라 한다.
붕의 등도 몇천 리나 되는지 모른다.
노해서 날면 그 날개는 마치 하늘에 드리운 구름과 같다.
이 새는 바다가 거칠게 움직이면 곧 남명에 날려고 한다.

남명이란 천지이다.

장자, 《소요유》

장자의 붕은 《소요유》의 주인공이다. 붕은 기존의 틀, 일탈과 구속에서 벗어난 자유를 상징한다. 그런 붕과 곤을 일정한 틀에 얽어매어 꼼짝 못하게 가두어 놓으면 사랑과 자유를 누릴 수 없다. 장자는 《소요유》에서 일정 테두리에 갇힌 사고에서 벗어나 천방(天放)과 자유, 그리고 해탈을 만끽하기 위해 떠나는 여행이 진정한 여행이라고 주장한 것이다. 그러나 일정한 틀을 벗어나기 위해 떠나는 여행자가 모두 소요유의 여행자는 아니다. 장자는 《소요유》에서 '유랑자'를 세상에서 가장 방탕한 자라 불렀다. 장자는 여행자를 단순한 방랑자가 아니라 사람과 세상을 바라보는 눈을 가진 방랑자가 되어야 소요유적 방랑자라고 주장했다.

니체의 디오니소스적(Dionysus, 酒神) 방랑자는 장자의 소요유적 여행자와 많이 닮았다. 니체에게 디오니소스적 방랑은 변화와 무상을 긍정하며 축제를 즐기는 여행자이다. 니체의 디오니소스적 여행자는 몰락의 고통 속에서 환희의 쾌락을 느끼는 여행자이다. 삶의 의지를 드러내는 디오니소스는 유일자인 동시에 모든 곳에 편재하는 자이다. 또한 창조자이면서도 파괴자라는 점에서 긍정적이면서도 부정적인 이중적 이미지를 갖고 있다. 디오니소스가 고통과 황홀의 세계를 대변한다면, 아폴론(Apollon)은 개체화 원칙을 대변하면서 꿈과 환상의 세계에서 아름다운 가상을 드러낸다. 니체의 여행자는 광란의 바다 한가운데에서 나룻배에 몸을 싣고 표류하면서 고통과 황홀을 동시에 즐기는 디오니소스적 방랑자이다.

　그러나 니체의 방랑하는 여행자는 염세주의자 쇼펜하우어의 '권태를 피하려는 여행자'와는 다르다. 우리는 부부나 친구관계가 권태에 빠졌을 때 무조건 여행을 떠나라는 말을 하는 것을 흔히 본다. 그러나 그것은 여행이 아닌 유랑이며, 유랑자는 장자가 이야기한 대로 방탕한 자이다. "어디론지 가고 싶구나"라는 이야기로 우리를 웃겼던 코미디언 고(故) 이기동은 바로 권태를 피하려는 방랑의 여행자들을 기가 막히게 표현해서 대중에게 어필한 것이다.

　그렇다면 알프스, 지중해, 아드리아 해, 그리고 다시 중부 독일을 순회하는 우리 두 부부의 여행은 어디에 속하는 것일까? 환갑을 넘은 두 교수 부부의 이탈리아와 아드리아 해로의 여행은 37세의 나이에 왕성한 지적활동을 하던 괴테가 자아를 발견하고 문학적 재도약을 꿈꾸며 출발했던 이탈리아 여행과 비슷한 점도 있지만 반드시 그렇다고 자신 있게 대답할 수는 없다. 그렇다고 까닭도 없이 무작정 떠나는 보들레르의 일상으로부터 '탈출의 여행'은 아니다. 우리 두 부부는 단조로운 일상으로부터 탈출하기에는 너무 바쁜 대한민국의 교수들이다. 따라서 우리의 여행은 3번, 즉 중국 장자의 소요유, 독일 니체의 디오니소스적인 여행이다. 맞다. 우리는 이 여행을 2년 동안 상상하였고 이를 위해 김 교수 부인이 5년 동안 여행을 기획, 조사, 계획하였다. 따라서 필자는 우리의 여행이 '탈출의 여행'이 아니라고 단언할 수 있다.

　첫 번째 괴테의 신고전주의적 여행과 두 번째 보들레르의 탈출의 여행이 공히 부정되면 남는 것은 세 번째 장자의 소요유와 니체의 디오니소스적 여행밖에 없다. 사실 그랬다. 김 교수와 필자는 일상의 지루함에서 벗어나 자유인이 되어 고통과 환희 속에서 와인을 마시면서도 정신은 깨어서 알프스, 지중해, 아드리아 해를 보고, 느끼고, 체험하고 싶었다.

이 책의 제목처럼 알프스의 고산준령의 계곡에서 그리고 돌로미테 산 아래의 고원(plateau), 들판과 낮은 산의 계곡에서 흘러나온 실개천의 물들은 강의 지류가 되고, 그 지류들이 모여 강물이 되고, 그 강물은 바다로 흘러가 아드리아 해와 지중해를 이룬다. 우리는 그런 '물의 여행'을 하고 싶었다. 높은 산의 상류에서 급류를 타고 바위에 부딪치면서도 아름다운 물보라를 일으키고 개천이 되어 갖가지 산과 계곡의 바위, 수초가 있는 늪, 연꽃이 피어있는 연못 등을 감상하며 강물의 일부가 되어 느긋하게 휴식을 취하다가 큰 바다에서 다시 만나는 그런 여행을 하고 싶었다. 우리는 물이 되어 바위에 부딪치면 돌아가고, 폭포를 만나면 몸을 던져 다이빙해야 했지만 강에서는 곤돌라 뱃사공의 〈바르카롤〉(barcarolle) 노래를 들으며 '즐기는 여행'을 하는 자유인이었다.

Night of stars, and night of love

Fall gently over the waters

Heaven around below, above

No more we'll heed the shore!

Floating thus in silver light

Sing on! Oh earth's fair daughters

Love had never an hour so bright

In fabled days of yore.

he cadenced oar will rhyme

To the measure we sing

Till even charmed Time

Fold a moment his wing.

Wander on!

Till the dawn! Ah!

Night of stars, and night of love

Fall gently over the waters

Heaven around below, above

No more we'll heed the shore.

Night of stars and of love

Ah! Gently fall over the waters

Heaven around below, above!

Ah! Ah!

이 빛나는 밤, 사랑의 밤

부드럽게 물 위로 떨어지네

하늘 주위의 아래와 위에서 떨어지네

더 이상 우리는 해안을 조심하지 않을 거야!

은빛 바다 위에서 출렁이며 떠 있는 불빛이여

노래하라! 오 지구의 예쁜 딸들아

사랑은 한 시간 이상 빛나지는 않아

옛날 옛적의 우화 같은 날들이었을 뿐.

노 젓는 사공의 카덴차는 운율이 맞구나

우리가 부르는 노래에 값을 매기기 위해

매혹의 시간까지라도

그의 날개를 접으세요.

방랑하라!

새벽까지! 아!

별이 빛나는 밤, 사랑의 밤

부드럽게 물 위로 떨어지네

하늘 주위의 아래와 위에서 떨어지네

더 이상 우리는 해안을 조심하지 않을 거야.

별이 빛나는 밤, 사랑이 익어가는 밤

아! 부드럽게 물 위로 떨어지네

하늘 주위의 아래와 위에서!

아! 아!

〈바르카롤〉

우리는 즐기는 여행을 하고 싶었다. 공자가 "知之者 不如好之者 好之者 不如樂之者"(지식을 안다는 것은 지식을 알기를 좋아하는 것만 못하고, 지식을 알기를 좋아한다는 것은 지식을 알기를 즐기는 것만 못하다, 《論語》, 雍也篇)라고 한 것에 여행을 대입해보면, 여행은 새로운 산과 들, 도시, 사람, 문화, 역사를 단순히 알기 위해 가는 것이 아니고, 그러한 미지의 세계를 탐험하고 탐구하는 것을 '좋아하기' 때문에 가는 지(知)의 여행인 것이다.

이제 긴 여행은 끝났다. 환갑을 넘은 우리에게 언제 다시 이렇게 육체와 정신이 자유로운 사람으로 남아 사람과 사물을 즐기며, 노래하고, 마시며, 비판적인 성찰을 할 수 있는 기회가 오겠는가? 이 여행에서 우리 4인방은 광란의 바다 한가운데에서 나룻배에 몸을 싣고 표류하면서 고통과 황홀을 동시에 즐겼던 디오니소스적 방랑자였다.

디오니소스 여행자들의 지중해와 아드리아 해 여행은 이제 종료되었고 우리는 다시 조화성, 규칙성 그리고 권력의 규율이 작동하는 아폴론의 일상으로 돌아왔다. 샹그릴라(Shangrila)를 다녀왔던 영국인 제임스 힐튼(James Hilton)이 천국과 같던 이상향으로 되돌아갈 수 없었듯이(Hilton, 1933) 우리 또한 2013년 여름에 가봤던 그 많은 샹그릴라들에 다시 가 볼 수 있을지 자신이 없다. 그래서 나이가 들면서 기억력이 점점 쇠퇴하는 것을 느낀 필자가 4인방의 다른 멤버들의 허락을 받지 않고 일방적으로 '여행의 추억'을 기록으로 남기고 싶어 이 글을 썼다. 그들의 허락을 받지 않은 채로 쓴 책이니만큼 그 분들의 의견을 최대한 배려하기 위해 노력하였다. 그리고 우리 4인방 각자가 찍은 사진까지 실어 책의 이야기를 더욱 생생하게 살렸다. 그러므로 이 책은 필자의 단독저서가 아니라 사실상 4인의 공동저서라는 것을 밝힌다.

먼저, 60년 이상 인생의 동반자였던 어머님을 보내고 충격과 회한으로 몸이 허약해져 고생하시는 고마우신 저의 아버님께 이렇게 여행에 관한 교양서적까지 쓸 수 있는 능력을 주시고 교육까지 시켜주신 데 대해 깊이 감사를 드린다. 그리고 어려운 사업을 하시느라 여행을 자주 다니시지는 못하지만 항상 필자에게 격려를 아끼지 않는 하나밖에 없는 우리 형님께 곰살스런 감사 인사를 드린다. 그리고 우리가 미국에 있을 때 한국에 있는 우리 살림살이를 돌봐준 처제와 동서에게도 고마운 마음을 전하며, 고관절 수술로 아직 거동이 불편하신 장모님께서는 이 여행서를 통해 안방에서 유럽여행을 하실 수 있기를 빈다.

그러나 무엇보다도 필자의 감사를 받아야 할 분은 미국 존스홉킨스대학교 국제대학원 한미연구소의 구재회 소장이다. 구재회 소장은 필자를 존스홉킨스대학교에서 연구년을 보낼 수 있도록 초청해 주었고, 한미연구소 체제기간 중 필자가 연구를 할 수 있도록 많은 도움을 주었다. 그가 필자를 한미연구소에 초청하지 않았다면 필자는 이렇게 여유롭게 연구하면서 여행도 즐기는 시간을 갖지 못했을 것이고 이 책도 세상에 나올 수 없었을 것이다. 다시 한 번, 구재회 소장에게 힘을 다하여 감사드린다. 구 소장 부인은 예일대학교에서 러시아문학을 수학한 재원인데 동유럽의 문화에 대한 소양이 부족한 필자의 무지를 많이 고쳐주었다. 이 자리를 빌려 진정이 담긴 감사를 드린다. 그리고 존스홉킨스대학교 한미연구소에서 동학했던 초빙학자들, 안경률, 김부겸 전 의원, 윤양수 문화관광부 과장, 정효식 기자, 그리고 인턴으로 일하면서 나의 출판용 글쓰기 작업을 도왔던 이원석, 이원희 학생에게도 고마움을 전한다. 특히 윤양수 과장은 휴가지에서 부인을 만나러 가는 비행기 안에서도 이 초고를 정독한 뒤, '깐깐한' 교정뿐 아니라 훌륭한 서평까지 보내주어 필자가 이 책의 완성본을 만드는 데 지대한 도움을 주었다. 다시 한 번 윤 과장과 그의 부인에게 깊은 감사를 드린다. 워싱턴 D. C. 체류 시 많은 도움을 주었던 주미대사관 홍석인 참사관은 크로아티아와 슬로베니아 출입국 시 일어난 해프닝은 그 나라들이 셍겐조약 미가입 국가들이어서 벌어진 것이라는 외교전문가다운 설명으로 필자의 무지를 깨우쳐주었다. 이 지면을 빌려 감사드린다.

그리고 필자로부터 진심 어린 감사를 받아야 할 분들이 더 있다. 필자의 시카고대학교 석·박사 논문 지도교수였고, 졸업 후에도 학문적 지식과 영감을 주었고, 필자가 교수로서 미국 대학교와 연구소에서 연구를 할 수 있도록 도와주신 아담 쉐보르스키(Adam Przeworski) 뉴욕대학교 교수와 사모님 조안 폭스-쉐보르스키(Joanne Fox-Przeworski) 박사님께 감사를 드린다. 특히 유럽 여행 후 쉐보르스키 교수 부부께서 우리 부부를 뉴욕 주 레드 훅(Red Hook)의 허드슨 강변의 별장으로 초청해 주셔서 바드대학교에서 열린 '스트라빈스키 축제'(Stravinsky Festival) 콘서트를 즐길 수 있도록 해주신 데 대해 깊은 감사를 드린다. 레드 훅 별장에서 쉐보르스키 교수는 중부유럽, 이탈리아, 동유럽의 발칸반도, 폴란드, 체코 역사에 관한 필자의 무지를 깨우쳐 주셨고 이 책에서 다루고 있는 독일, 이탈리아, 크로아티아, 세르비아, 보스니아, 슬로베니아의 역사에 관한 부분을 수정하는 데 도움을 주셨다. 스트라빈스키 축제 참가 아이디어는 전적으로 조안 박사님으로부터 나온 것이다. 이 책에 나오는 쇤베르크의 연가곡 〈달빛에 홀린 피에로〉 가사는 그 공연에서 얻은 것이다. 필자는 최근 야생화, 들풀, 나무들에 관심이 많아 레드 훅 별장 정원과 주위 숲에서 이를 확인하려고 나무, 야생화, 새에 관한 책을 몇 권 가져갔는데 쉐보르스키 교수께서 책을 열 권 정도 들고 나오시면서 일일이 확인해 주시는 것이 아닌가. 특히 그 집 부엌에서 보이는 뜰에 새집을 만들어 놓았는데 빨간 홍관조(cardinal), '침략자' 큰어치(blue jays), 벌새(humming bird)들이 그 집을 오갔다. 세계적 석학 아담 쉐보르스키 선생은 자신의 전공인 정치학뿐 아니라 새들에게도 애정을 표하고 있었고 무심코 지나치는 들풀에 대해서도 정확한 지식을 갖고 있었다. 특히 그 집 앞에 심어진 대한

민국의 국화(國花)인 무궁화가 만발한 모습을 보고 감동을 받았다. 레드 훅에서도 많은 가르침을 주시고 따뜻이 환대해 주신 아담 쉐보르스키 교수 부부께 진심으로 감사드린다.

더불어 이 책의 처음부터 끝까지 교정을 봐주고 전문가적인 논평과 제안을 해준 동료 정주연 교수에게 마음을 담아 고마움을 전한다. 그리고 감사인사에서 고려대학교의 내 제자들을 빼놓아서는 안 된다. 필자의 옛 조교 그리고 현 조교로 있는 애제자들이 책을 읽고 교정의 수고를 했고, 서평까지 해주었다. 이혜민 구 조교, 박상운 현 조교와 신혜현, 이주희, 최유정 옛 조교들이 감사를 받아야 할 내 제자들이다. 특히 박사 과정에 있는 신혜현은 필자에게 여러 가지로 조언과 비평을 해주었고, 이효빈은 쇤베르크의 〈달에 취해서〉를 음악처럼 아름답게 번역하는 데 조언을 해주었다.

마지막으로 나남출판사의 조상호 회장, 고승철 사장, 방순영 이사에게 감사를 드린다. 특히 고승철 사장, 방순영 이사 그리고 김율리 편집담당자는 필자의 이야기를 사진과 절묘하게 결합하여 지적이면서도 예쁜 역사문화 여행서를 만들어주셨다. 다시 한 번 감사드린다.

2014년 9월

임 혁 백

정치학자 임혁백 교수와 떠나는 지중해 역사문화

산과 강은 바다에서 만나고

차 례

24

독일

하노버

START 괴팅겐

에르푸르트

드레스덴

폴란드

헬트부르크

밤베르크

체코

뉘른베르크

로텐부르크

슬로바키아

뮌헨

로젠하임

잘츠부르크

오스트리아

인스부르크

스위스

돌로미테

헝가리

블레드

슬로베니아

자그레브

베네치아

리예카

크로아티아

베로나

이탈리아

폴리트비체

친퀘테레

자다르

보스니아
헤르체고비나

피사

피렌체
몬테풀치아노

시베니크

시에나

아시시

달마티아

스플리트

모스타르

흐바르

두브로브니크

지중해

남부독일의 빛과 그림자

괴팅겐
드레스덴
뉘른베르크
로젠하임
뮌헨
인스부르크

우울하고 어두운 북유럽에서
햇빛과 자유가 쏟아지는 남유럽으로

흑사(黑巳)의 해 계사년(癸巳年) 7월 초하룻날 김 교수 부부와 우리 부부는 중남부 독일, 오스트리아와 이탈리아의 알프스, 지중해와 아드리아 해의 중부 이탈리아, 크로아티아, 보스니아, 슬로베니아를 둘러보는 역사문화여행을 시작하였다. 햇볕은 뜨겁고 공기는 건조했지만 서풍(西風)이 불어와 시원하였다.

이 유럽여행은 전적으로 김 교수 부부가 5년에 걸쳐 기획하고 계획한 야심찬 여행작품이다. 김 교수 부부는 평소에 등산과 걷기로 건강을 다져왔고 여러 나라를 여행한 경험이 있는지라 우리 부부는 모든 계획을 그들에게 일임하였다. 김 교수는 대학 학부에서는 전자공학도였지만 석·박사 과정에서는 경영학을 공부한 '문무겸전'의 학자이고, 그의 부인 또한 역사, 문학, 와인, 지리 분야에서 인문학적 소양을 쌓은 교양인이다. 장거리 여행을 계획하는 데 있어 필요한 거리, 시간, 인터넷 예약과 같은 자연과학적 지식과 방문지의 역사, 문화, 음식, 지리와 같은 인문학적 지식을 모두 갖춘 커플로서 김 교수 부부만 한 분들이 없었다. 이 점에서 우리 부부는 최고의 여행 기획자들과 동반여행을 하는 행운을 얻은 셈이다.

우리는 2013년 6월 28일 각각 서울과 워싱턴 D. C. 에서 날아와 프랑크푸르트 공항에서 해후하였고 공항 렌터카 센터에서 볼보를 렌트하여 아우토반을 2시간 달려 괴팅겐(Gottingen) 아파트에 도착하였다. 괴팅겐에서 일주일 정도 워밍업의 시간을 가진 뒤 7월 4일 출발하기로 했으나, 필자가 옛 동독지역의 고도인 드레스덴(Dresden)에 소재한 드레스덴대학교에서 7월 1일 특별강의 초청을 받아 드레스덴에 다녀와야 했는데, 김 교수는 이를 감안하여 우리의 대장정의 시작일자를 예정보다 빠른 7월 1일로 앞당겨 드레스덴으로 동행해 주었다. 7월 1일 아침 4인의 여행단은 괴팅겐을 출발하여 첫 번째 목적지인 드레스덴으로 이동하였다.

필자는 드레스덴대학교에서 "한반도의 갈등해결과 평화구축은 왜 예외적으로 어려운가?"라는 주제로 2시간 동안 특강을 했고, 특강을 마친 후 초청자인 파젤트(Werner Patzelt) 교수를 비롯해 특강 참석자들과 대학 근처의 레스토랑에서 만찬을 하는 바람에 드레스덴 궁전과 같은 역사유적지를 둘러보지 못하였다. 반면, 필자와 동반했던 세 사람은 드레스덴 궁전지역과 엘베 강을 관광하였다. 드레스덴대학교 정치학과는 독립된 건물을 갖고 있었는데, 특강 홀이 있는 층의 라운지에는 아리스토텔레스, 플라톤, 마키아벨리, 칸트, 데카르트, 아렌트에서 포스트모던 정치사상가 푸코까지 정치사상과 정치철학의 거성들의 흉상이 전시되어 있었다. 특히 눈길을 끈 조각은 마키아벨리와 푸코였다. 마키아벨리의 경우 사자상과 여우상이 나란히 걸려 있었는데 이는 마키아벨리가 《군주론》에서 이야기한, "신 군주는 사자의 용맹과 여우의 간지가 있어야 한다"란 비르투 이론을 형상화해놓은 것 같았다. 푸코의 흉상 밑에는 투명유리 받침대가 있었는데 그 속에는 현대의 복잡한 기계와 기계 톱니, 가위 등이 어지럽게 얽혀 있었다. 아마도 푸코의 근대를 해체하는 포스트모던 정치사상을 축약적으로 보여주려고 한 의도가 아니었을까 생각된다.

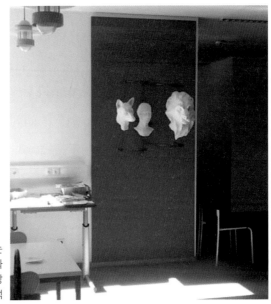

드레스덴대학교 있는
마키아벨리 흉상과
사자상과 여우상
ⓒ 임혁백

드레스덴은 작센(Saxony) 주 공국의 수도로 근대 유럽국민국가체제
인 '웨스트팔리아(Westphalia) 체제'를 낳은 '30년 전쟁'(1618~1648)
이후 폴란드 왕과 아우구스투스 대선제후(Elector Augustus the Strong,
1670~1733)가 작센주 공국의 선제후가 되면서 황금기를 누렸다. 드레
스덴은 궁전, 교회, 동상이 엘베 강가에 즐비하여 '엘베 강가의 플로렌
스'로 불렸던 아름다운 궁전도시였으나, 제2차 세계대전 중 미군의 폭
격으로 거의 파괴되었다. '엘베 강의 기적'을 낳은 독일은 드레스덴을
거의 원형에 가깝게 복원한 '신 엘베 강의 기적'을 이룩하였다.

뉘른베르크:
평범한 인간 속에 있는 악마에 대한 전범재판

드레스덴에서 1박을 한 우리는 남독일 바이에른 주로 향했다. 공항에서 차를 렌트할 때 김 교수와 필자를 운전자로 등록했는데 드라이브를 좋아하는 아내가 속도제한이 없는 독일 고속도로 '아우토반'을 달리고 싶다고 하여 운전대를 맡겼다. 대학시절 환갑이 넘어서 재규어 스포츠카를 몰고 싶다고 노래를 불렀던 그녀답게 아우토반 같은 슈퍼 고속도로에서 평소보다 운전을 더 잘하는 것이었다. 반면 소심한 나는 190킬로미터 이상 달릴 때에는 아슬아슬한 스릴을 느꼈다. 아우토반의 '선수'는 역시 벤츠와 BMW였고 우리의 볼보는 추월선에서 달리는 것이 그리 오래 허용되지 않았다. 벤츠와 BMW가 하이빔을 켜고 따라오면서 반강제적으로 추월선에서 나가라고 압박을 가해오는 바람에 아내는 '눈물을 머금고' 주행선으로 밀려날 수밖에 없었다. 속도제한이 없는 아우토반이야말로 독일이 세계의 명차인 벤츠, BMW를 개발할 수 있었던 원동력이었다는 사실을 이번에 확실히 알게 되었다. 정부의 명령이나 시장 경쟁만으로는 명차가 나올 수 없고 '속도제한 해제'라는 혁신적 제도를 고안해냄으로써 명차가 탄생할 수 있었던 것이다. 정부가 해야 할 일은 그런 제도가 안전하게 그리고 지속적으로 적용될 수 있도록 명품 고속도로, 아우토반이라는 공공재를 제공하는 것이다. 여기서 우리는 정부, 시장, 기업이 분업하여, 정부는 아우토반이라는 인프라를 제공하고, 속도제한 해제라는 제도를 고안해 기업이 명품 자동차를 만들 수 있도록 인센티브를 제공하여 자동차산업을 육성한 독일의 산관협치(産官協治)를 배울 수 있다.

바이에른(Bayern) 주의 최대도시인 뮌헨(München)의 교외인 로젠하임(Rosenheim)에서 2박을 하러 가는 중에 바이에른 주의 둘째가는 도시이자 고도인 뉘른베르크(Nürnberg)에 들렀다. 뉘른베르크는 11세기에 신성로마제국 황제 하인리히 3세가 보헤미아와의 전투를 위한 군사기지로 건설하였고, 1219년 프리드리히 2세에 의해 신성로마제국의 수도로 지정되어 최고의 전성기를 누렸으며, 제국의 수도라는 지위는 유럽이 나폴레옹의 치하에 들어갔던 1806년까지 유지되었다.

뉘른베르크 구시가지 언덕의 정상에 위치한 신성로마제국 황제의 성을 보고는 이 성이 제국을 방어하는 핵심적 군사요새라는 것을 알게 되었다. 성은 전형적인 군사요새로 여러 겹의 해자가 성벽 안팎에 있었다. 곳곳에는 타워, 망루가 있고 총과 대포를 쏠 수 있는 군사시설이 설치되어 있었다. 미학적으로 결코 아름다운 성이 아니었고 곳곳에 남아있는 총알자국을 통해 피를 튀기는 끔찍한 반인륜적인 전투가 있었음을 확인할 수 있는 성이었다. 오히려 성을 내려오니 아름다운 시청 건물(rathaus)과 대성당이 황제의 성에서 맡았던 피 냄새를 중화시켜주었다. 그러니 독일맥주를 한잔하지 않을 수 있겠는가? 두 부인들의 반대에도 불구하고 김 교수와 나는 맥주를 마시고 로젠하임으로 발걸음을 돌렸다.

뉘른베르크는 바그너의 오페라 〈뉘른베르크의 명가수〉와 함께 제2차 세계대전 직후에 있었던 나치전범재판이 이루어진 곳으로 유명한 도시이다. 뉘른베르크 나치전범재판은 1945년 11월 22일 개정되어 1946년 10월 16일 전범 12명을 처형함으로써 마무리되었다. 그런데

뉘른베르크 성에서 바라본 뉘른베르크 구시가지 전경 ⓒ 임혁백

유대인을 대량 학살한 인간백정 아이히만(Adolf Eichmann)은 도망쳐 숨어 있었던 탓에 뉘른베르크 재판정에 세울 수 없었다. 뉘른베르크 전범재판 법정은 12명의 주요 나치 전범자들을 '인간성에 한 범죄'(*crimes against humanity*)를 지른 자들로 정하고 처형하는 단호한 결정을 내렸다. 아이히만은 뉘른베르크 재판 이후 이스라엘 첩보대 모사드가 끈질 기게 추적하여 1961년 아르헨티나에서 체포하였고, 1961년 4월 15일 예루살렘 법정에서 재판을 받고 처형되었다. 아이히만 재판을 취재하기 위해 예루살렘 법정에 간 정치사상가 한나 아렌트(Hanna Arendt)는

취재노트를 바탕으로 《예루살렘의 아이히만》(*Eichmann in Jerusalem: A Report on the Banality of Evil*) 이라는 책을 썼다. 이 책에서 한나 아렌트는 아이히만의 범죄를 '악마의 평범성'(*banality*) 이라고 규정했다. 아렌트에 의하면, 아이히만은 도깨비 뿔이 달린 악마가 아니었고, 기술도 없고, 교육도 충분히 받지 않은 자로서, 자신은 칸트의 정언명제(*categorical imperative*)에 따라 행동했을 뿐이라고 했으나 정작 정언명제의 핵심 개념(황금률, 호혜성의 원칙) 조차 이해하지 못하는 무식한 자였다. 아렌트는 아이히만은 악명 높은 나치스 친위대(SS)의 일원으로서 조직이 시키는 대로 일하고, 그에게 맡겨진 의무를 다하고, 명령에 복종하고, 법에 복종한 지극히 '평범한' 범죄자라고 주장했다. 아이히만은 6차례나 정신병 감정을 받았으나 지극히 정상적인 인간으로 판명되었다. 아렌트는 아이히만은 괴물이 아닌 지극히 정상인 독일인으로 나치의 총통제와 같은 전체주의를 자발적으로 추종한 인간이라고 이야기했다. 아이히만은 집에서는 자상한 남편이었고 아이들과 놀아주는 지극히 평범한 '좋은 아빠'였다. 그러나 강제수용소에만 가면 유대인을 아무런 감정변화 없이 대학살(*holocaust*)한 인간백정이었다. 나치 전체주의가 유대인 대학살과 같은 '인간성에 대한 범죄'를 저지르는 데 아이히만과 같은 '평범한' 일반 독일인들을 활용한 것이다. '평범성의 악마'는 평범한 사람들 속에 내재되어 있으며 이에 대해 아렌트는 다음과 같이 말했다. "대부분의 사람들은 전체주의의 홀로코스트 명령에 순응할 것이다. 그러나 몇몇 사람들은 명령을 따르지 않을 것이다. 홀로코스트는 대부분의 지역에서 일어날 수 있다. 그러나 모든 곳에서 일어나지 않았다. 왜냐하면 이 지구는 여전히 인간이 거주하는 장소로 남아 있기

마틴 니묄러 목사

루터교회 목사이자 신학자인 마틴 니묄러는 반공주의자였기 때문에 처음에는 히틀러의 등장을 지지했지만 히틀러의 전체주의에 환멸을 느끼고 그에 반대하는 독일 성직자 그룹의 리더가 되었다. 그러나 대부분의 독일 성직자들은 나치의 위협에 굴복했고 결국 니묄러는 체포되어 작센하우젠과 다하우 강제수용소에 감금되었다. 그는 제2차 세계대전 이후 수용소에서 풀려나 독일 국민들을 참회와 화해로 이끄는 대변자로서 활동했다.

때문이다."(Arendt, 1963)

뉘른베르크를 빠져 나오면서 우리는 보통 인간 속에 숨어 있는 '평범성의 악마'가 인간으로 하여금 전체주의자들의 인종청소, 홀로코스트 명령을 자발적으로 추종하고 집행하도록 유도했다는 한나 아렌트의 지적에 전율을 느꼈다. 그러나 그녀가 평소에 주장했던 것처럼 우리가 공적 덕성을 가진 고대 아테네 도시국가의 시민이라면 아이히만과 같은 광대노릇을 하지 않을 것이다. 항상 공적 덕성과 비판정신을 가진 '깨어 있는' 시민이 되어야 우리는 권위주의로의 회귀를 꿈꾸는 자들의 음모를 차단할 수 있을 것이다. 우리는 헌법에 보장된 언론, 표현, 결사, 집회의 자유를 위해 노력하던 동료 시민들이 불법적으로 잡혀갈 때 '깨어 있는 시민'이 되어 이를 저지해야 한다. 그래야 자신의 자유도 보장되기 때문이다. 그러나 그렇게 하지 못한다면 자신 또한 희생자가 될 수 있다.

우리는 나치 시대에 신학자였던 마틴 니묄러 목사(Martin Niemöller, 1892~1984)의 〈나치가 그들을 덮쳤을 때〉(*First They Came* …)라는 시를 항상 기억해야 한다. 나치가 특정 집단을 하나씩 차례로 지목해 제

거함으로써 독재 권력을 구축하고 있을 때, 저항하지 않고 침묵한 독일 지식인들을 비판한 시다.

나치가 공산주의자들을 덮쳤을 때,
나는 침묵했다.
나는 공산주의자가 아니었다.
그 다음에 그들이 사회민주당원들을 가두었을 때,
나는 침묵했다.
나는 사회민주당원이 아니었다.

그 다음에 그들이 노동조합원들을 덮쳤을 때,
나는 아무 말도 하지 않았다.
나는 노동조합원이 아니었다.
그 다음에 그들이 유대인들에게 왔을 때,
나는 아무 말도 하지 않았다.
나는 유대인이 아니었다.

그들이 나에게 닥쳤을 때는,
나를 위해 말해 줄 이들이
아무도 남아 있지 않았다.

마틴 니묄러, 〈나치가 그들을 덮쳤을 때〉

독일 알프스의 요정 :
쾨니히 호수와 성 바돌로매 교회

로젠하임은 뮌헨에서 1시간 내의 거리에 있는 시골이다. 로젠하임에서 2박을 했는데 1박을 하고 쾨니히 호수를 다녀와 하룻밤을 더 묵은 뒤 뮌헨으로 가기 위해서였다. 로젠하임은 독일 알프스 산자락 아래에 위치해 있는데, 호텔, 아파르트망(프랑스의 아파트), 민박 등이 많이 있는 관광지임에도 불구하고 식당과 술집이 많지 않았다. 그 동네를 통틀어 하나 있는 식당에 우리 부부와 김 교수가 함께 갔는데 유일하게 저녁을 먹을 수 있는 식당이라 그런지 제법 많은 사람들로 북적거렸고 뮌헨 부근이라 그런지 맥주도 맛이 있었다. 그런데 문제는 식사와 안주였다. 괴팅겐을 떠나온 지 며칠이 지나지 않았는데도 불구하고 벌써 속이 느글거리기 시작한 것이다. 한국인들의 한식 중독증은 유명하다. 어느 관광단이 장기관광을 떠났는데 첫 번째 도착지에서 한국관광객들이 한식을 먹자고 졸랐다는 이야기는 많이 들었는데, 내게도 그런 증상이 나타나다니 나도 여지없는 한국인이구나 하는 생각이 들었다. 더불어 소동파(蘇東坡)의 《후적벽부》(後赤壁賦)가 생각났다.

그러나 우리는 안주가 신통하지 않음에도 불구하고 상당히 취할 정도로 바이에른 지방의 맥주를 마셨다. 달빛이 바이에른의 밤을 물들일 즈음 호텔로 돌아가려고 차에 몸을 싣는데 알프스 산자락에서 불어오는 시원한 바람이 얼근한 기운을 식혀주었다. 그야말로 "시원한 바람이 서서히 불어왔으나, 물결은 일지 않았다"(淸風徐來, 水波不興, 소동파, 《전적벽부》)였다.

有客無酒 有酒無肴 月白風淸 如此良夜何

좋아하는 객이 왔는데 술이 없고,

술이 있어도 안주가 없네.

달은 밝고 바람은 시원한데

이렇게 좋은 밤에 이 무슨 낭패란 말인가?

소동파, 《후적벽부》

　여행을 시작한 지 사흘째 되는 날에 우리는 쾨니히 호수(Königssee)로 갔다. 쾨니히 호수는 독일 알프스 산자락에 있는 수정처럼 맑고 깨끗한 산정호수로, 지형으로 보면 백두산 천지보다는 가평의 산정호수와 비슷하다고 볼 수 있다. 우리는 다른 사람들처럼 8킬로미터에 달하는 호수를 왕복하는 배를 탔는데, 배가 중간쯤 갔을 때 선장이 난간으로 가더니 트럼펫을 꺼내 독일 민속음악 한 곡을 구성지게 부르는 것이다. 이윽고 주변의 산들이 그 트럼펫 소리에 화답하듯 청아한 소리의 메아리가 울려 퍼졌다. 마치 쾨니히 호수의 요정이 배에 탄 사람들을 유혹하는 듯했다. 호메로스(Homer)의 《오디세이》(Odyssey)에서 트로이 전쟁에 참전했던 율리시스(Ulysses) 장군은 풍랑이 심한 바다의 바위섬에서 노래하는 사이렌(Sirens) 요정의 유혹에 넘어가지 않기 위해 자신과 모든 병사들의 귀에 왁스를 바르고 돛대에 몸을 묶은 뒤 눈을 가려 자신의 의지와 상관없이 사이렌 요정 쪽으로 배를 몰고 가지 못하도록 하였다. 덕분에 율리시스는 무사히 이타카(Ithaca)로 귀환하여 사랑하는 아내 페넬로페(Penelope)를 구출하고 왕국을 되찾을 수 있었다(D. M. Field, 1977: 136~138). 그러나 쾨니히의 요정은 호메

쾨니히 호수와 바돌로매 교회 ⓒ K.Weise

로스의 요정 사이렌보다 예쁘지는 않을지 모르나 호수의 요정이라 "마음이 호수처럼 깊어"(노자, 《도덕경》8장) 배가 풍랑에 휩쓸리지 않도록 물을 고요하게 다스려주는 요정임은 틀림없다.

우리는 호수의 끝자락까지 가지 않고 중간에 있는 성 바돌로매(St. Bartholoma) 교회에서 내렸다. 거기서 호숫가를 산책한 후 성 바돌로매 교회 안팎을 구경했다. 교회의 외관은 4개의 붉은 돔과 하나의 붉은 육각형 타워로 이루어져 있었고 흰 기둥과 붉은 돔이 호수에 비치면서 기막힌 아름다움을 자아내고 있었다. 아름다운 외관과는 달리 내부는 바돌로매 성인의 순교와 예수님의 대속을 주제로 한 조각상과 성화로 채워져 있어 이 교회가 순교와 대속의 교회임을 짐작하게 했다. 성 바돌로매는 예수의 12사도의 한 사람으로 부름을 받았는데 베드로, 야고보, 요한 등과는 달리 나중에 합류하였음에도 불구하고 예수님은 그를 가리켜 "보라, 저 사람이야말로 참으로 이스라엘 사람이다. 저 사람은 거짓이 없다"(요한1 : 47) 라고 높이 평가했다고 한다. 바돌로매는 예수 사후 아르메니아 지방에서 설교하였고 참수를 당해 순교하였다. 그러나 인간은 바돌로매 사도의 순교에도 불구하고 화합하지 못하고 같은 종교 내의 조그마한 차이에 대해서도 관용을 베풀지 못해 서로 살육하는 종교전쟁을 벌였다. 1572년 8월 24일 파리와 프랑스 전역에서 성 바돌로매 축일이 시작되었고 이날 신교도인 앙리 4세와 구교도인 메디치가의 카트린 드 메디시스의 딸 마르그리트 공주의 결혼식이 거행되었다. 그런데 바돌로매의 순교를 기념하는 축일에 구교도들은 위그노 (Huguenot)로 불리는 프랑스와 네덜란드의 신교도들을 학살하려는 음모를 실행에 옮겼고 이로 인해 수만 명이 살해되었다.[1] 예수와 사도들의 순교에도 불구하고 화합하지 못하고 피를 부르는 살육전을 벌이는 인간의 악행은 아직까지 이어지고 있다. 물론 쾨니히 호숫가의 바돌로매 교회가 성 바돌로매 축일의 대학살이 일어난 곳은 아니다. 그러나 파리에서 일어난 바돌로매 대학살에 이어 종교전쟁(위그노 전쟁, 1562~1598)이 전 유럽에 번지고 바이에른 지역도 주요 전장 중 하나였을 때 바이에른 군주는 쾨니히 호숫가에 종교전쟁에 희생된 자들을 위로하고 평화를 기원하는 의미로 붉은 돔으로 이루어진 아름다운 교회를 세우지 않았을까 하는 상상을 해보았다. 이 상상은 근거가 없는 것이 아니다. 미켈란젤로의 피에타에서만 느낄 수 있는 '애통한 마음'을 담은 바돌로매 교회 안의 피에타상이 그러한 나의 상상을 뒷받침해 주었

다. 다시 한 번 바돌로매 사도가 흘린 피를 상징하는 붉은색의 돔을 바
라보면서 세상의 평화는 아직 이루어지지 않았고 이는 앞으로 인류가
짊어져야 할 멍에라는 생각을 하면서 쾨니히 호수의 선착장으로 발걸
음을 옮겼다.

비어가르텐, 학센 그리고 뮌헨 푸취

로젠하임 호텔 문 앞에는 원색으로 칠한 유대인의 왕, 나사렛 예수
(INRI) 상이 걸려 있었다. 왜 예수님은 인간의 죄를 대속하기 위해 고
통받고 죽어가면서도 "다 이루었도다"라고 자신 있게 말씀하셨을까?
예수님은 "고통을 주기보다는 고통을 받는 사람이 되어야 한다", "애통
해하는 자는 복이 있다", "누가 오른쪽 뺨을 치거든 왼쪽 뺨마저 대라"
는 본인의 설교를 몸소 실천한 것은 물론, 자신의 죽음으로 모든 인간
들을 죄의 고통에서 벗어나게 하라는 하나님 아버지의 지시를 충실히

수행하고 완성했다는 자신감과 안도감이 그런 대담한 말씀을 하게 한 것이 아닌가 생각된다. 예수님의 죽음은 비극이나 고통이 아니라 기쁨이요 축복이다. 그래서 로젠하임 호텔 주인아주머니는 각종 예쁜 원색으로 칠해진 '행복한 슬픔'의 모습을 한 예수의 십자가상을 호텔 문 앞에 걸어놓은 것이다.

호텔 주인아주머니는 조그마한 산장 호텔을 운영하면서 아들을 유학시키고 있다고 했다. 그 아들이 올해는 한국에 있는 계명대학교에 유학할 것이라고 이야기하면서 우리에게 친근감을 보였다. 무뚝뚝한 독일 중년여성에게서는 찾아보기 힘든 친절함과 따뜻함을 지니고 있는 아주머니였다. 우리가 호텔 주위에 있는 체리나무에 관심을 보이자 얼마든지 따가도 된다며 넓은 아량까지 베풀어 주었다. 그래서 우리는 30분도 채 안 되어 거의 한 자루나 딴 후, 간식으로 먹으며 뮌헨에 입성하였다. 독일 제3의 대도시 뮌헨에 입성하면서 우리는 한식을 먹을 수 있다는 기대감에 부풀어 있었다. 인터넷을 검색한 결과 두 곳을 찾았는데 한 곳은 바이에른 공국 군주들의 여름궁전인 님펜부르크(Nymphenburg) 궁 부근에 있었고 다른 한 곳은 마리엔플라츠라는 시청광장 부근에 있었다. 우리는 주차가 비교적 수월한 궁 근처로 이동해 차를 주차한 뒤 대중교통을 이용해 시청광장으로 진입하였다. 네오고딕(neo-gothic) 양식의 뮌헨 시청은 뮌헨 시에서 가장 아름다운 건물로서 85미터의 시계탑이 있는 시청으로도 유명하다. 또한 성모교회(Flauenkirche or Church of Our Lady)도 유명하다. 성모교회는 두 개의 양파모양(굴뚝모양)의 붉은 벽돌 탑을 가진 후기 고딕 양식의 교회로서, 1494년에 완성되었다. 1492년이 콜럼버스가 아메리카 대륙을 발견한 해라는 것을

뮌헨 구시청과 마리엔플라츠 ⓒ 임혁백

상기할 때, 바이에른 사람들은 이미 당시에 스테인드글라스로 장식한
거대한 교회를 세워 자신들의 번영과 자부심을 표현할 정도로 문명인
이었음을 알 수 있다.

  김 교수와 나는 뮌헨에 와서 맥주를 마시지 않고 가는 것은 참새가
방앗간을 지나치는 것과 같은 것이라는 강박관념으로 시청 앞 광장에
있다는 뮌헨의 대표적인 비어가르텐(*biergarten*, 맥줏집)으로 향했다.
그러나 시청 주위에는 많은 광장이 있었고 우리는 어느 광장이 시청 앞
광장인지 몰라 헤매고 있을 때, 우리가 서 있는 곳이 바로 시청 앞 광장

이며 이곳을 '시청광장'이라 부르지 않고 마리엔플라츠(marienplatz) 라 부른다는 것을 지나가는 행인을 통해 알 수 있었다. 바로 이곳에 그 유명한 호프브로이 하우스가 있었다. 호프브로이 하우스는 1589년 빌헬름 5세에 의해 설립된 바이에른 왕실 지정 양조장으로, 1830년부터 일반인들도 이용할 수 있게 되었다. 하루 동안 호프브로이 하우스에서 팔리는 맥주 양은 1만 리터이며, 1층 수용인원이 7천 명이라고 하니 세계 최대의 비어가르텐이 아닌가 생각된다. 우리 4인방은 우선 급한 대로 HB 호프브로이(HB Hofbrau) 생맥주를 시키고[2] 안주로는 뮌헨의 명물인 슈바이네학센을 시켰는데, 독특한 프리첼이 따라 나왔다. 학센은 독일식 족발이라 할까, 돼지의 정강이와 족발을 삶아 독특한 기름과 향을 더해 만든 음식이다. 그 맛이 하도 일미라서 한국음식을 먹을 배를 남겨 놓아야 한다는 것도 잊고 학센과 맥주를 탐하였다.[3] 결국 배가 불러 한국음식은 포기하고 다음 예정지로 이동했다.

뮌헨과 바이에른 주는 독일에서 가장 크고, 인구 또한 많다. 게다가 날씨가 좋고, 알프스를 끼고 있어 경관이 수려하다. 또한 BMW 자동차 본사가 뮌헨에 있는 데서 알 수 있듯이 독일의 다른 지역에 비해 소득이 높은 편이다(BMW의 B는 바이에른을 뜻한다. 말하자면, '바이에른 자동차 회사'의 약자이다). 그러나 대부분의 풍요한 지역이 그렇듯이(서울의 강남처럼) 정치적 성향은 보수적이다. 이 지역의 지배정당은 독일 정당 중 가장 보수적인 기사당(기독교사회연합, Christlich-Soziale Union)으로 기민당(기독교민주동맹, Christlich-Demokratische Union)과 연합하여 독일을 이끌고 있는데, 두 정당은 사실상 같은 정당이다. 왜냐하면 기민당은 바이에른 주에 후보를 내지 않고 기사당은 바이에른 주 외 다른 지역에 후보를 내지 않아 서로 경쟁을 피하고 있기 때문이다.

히틀러의 나치 정당의 폭력적 정권전복이 실험된 곳은 아름다운 시청광장의 비어가르텐이었다. 1923년 제1차 세계대전 패전 이후의 정정불안과 경제위기를 이용하여 히틀러는 뮌헨의 한 비어가르텐인 뷰르가브로이케라에서 폭동을 일으켜 정권을 전복하려 했지만 실패하고 재판을 받아 형을 살았다. 히틀러는 뮌헨 푸취(폭동)를 주도했다는 죄로 감옥살이를 하는 동안 《나의 투쟁》(*Mein Kampf*)을 집필하였고, 이 책은 1933년 히틀러의 집권과 나치 전체주의의 이념적 기초가 되었다. 민주주의를 부정하는 반민주적 국가전복 폭동은 아름다운 바이에른 뮌헨에서 일어났고 그것도 우리가 맥주를 마셨던 광장 부근의 비어가르텐에서 음모, 조직되었으며, 행동으로 옮겨졌다는 사실이 우리가 마셨던 맥주 맛을 씁쓸하게 했다.

우리는 다음 예정지이자 디즈니랜드 동화에 나오는 성의 모델인 노이슈반슈타인 성으로 가는 길에 김 교수의 지인인 독일인 경영자 월터(Walter Henzler)의 자택을 방문하였다. 월터는 사업차 한국에 자주 방문했는데 경영학 교수인 김 교수의 도움을 많이 받아 독일에 오면 꼭 자신의 집에 들러달라고 부탁했다는 것이다. 더구나 월터가 최근 암 수술을 받아 건강이 좋지 않다는 소식을 듣고 김 교수 부부는 꼭 방문을 해야 한다며 우리 부부의 동의를 구했고 우리 부부는 기꺼이 동행하기로 했다. 월터의 집은 전형적인 독일 시골마을의 집으로 정원에는 온갖 종류의 꽃과 과일나무, 그리고 야생초가 잘 가꾸어져 있었다. 독일인들이 집을 가꾸는 동안, 프랑스인들은 카페테라스에서 수다스럽게 이야기를 나눈다는 이야기가 실감이 났다. 월터 부부와 인사를 나눈 후 근처의 저수지와 강을 거닐다 함께 저녁식사를 하였다.

우리는 카우퍼링(Kaufering) 읍에 있는 레스토랑에서 식사를 했다. 속이 느글거려 많이 먹지 못하고 화장실에 다녀왔는데 음식 값을 누가 내느냐를 둘러싸고 문제가 있었던 눈치였다. 아무것도 모르는 나는 우리 부부가 내겠다고 했는데 이미 월터가 내기로 했다는 것이다. 감사를 표하고 월터 부부와 헤어지고 나니 김 교수가 자초지종을 설명했다. 식당에서 내가 잠시 자리를 비운 사이 월터가 김 교수 부부만이 피초청 자이니 우리 부부의 음식 값은 우리가 내야 한다고 말해 당황스러워하고 있었는데 월터 부인이 그에게 작은 목소리로 뭐라고 말하고 나니 그제야 자신이 모든 음식 값을 지불하겠다고 한 것이라는 거다. 평범한 독일인 월터와의 조우를 통해 타인에게 피해를 주지는 않지만 정이 없고, 각종 규칙은 철저하게 지키지만 융통성이 없는 독일인의 모습을 보았다.

부지런하고 성실하지만, 깐깐한 독일인은 분명 합리적인 민족이다. 그러나 세계를 이끌어갈 수 있는 관용과 포용력을 갖춘 민족은 아니다. 독일인과 일본인들의 공통점은 청결을 좋아해 항상 쓸고 닦는다는 점이다. 그래서 독일과 일본의 거리는 집 안마당처럼 깨끗하다. 그런데 그들의 문제점은 이웃나라 사람들도 청결하길 바라고 그렇지 않을 경우 강제로라도 그렇게 하도록 만들려는 지독한 결벽증이 있다는 것이다. 그래서 독일은 두 차례나 세계대전을 일으켰고 더럽고 사악하다고 여긴 유대인들을 대학살하는 엄청난 죄악을 저지른 것이다. 물론 전후에 전범국가들 중 독일만큼 자신들이 저지른 집단적 범죄에 대해 참회하고 사과한 민족은 없다. 그러나 유럽에서 가장 부유한 국가임에도 불구하고 같은 EU 회원국가인 동유럽 국가와 남유럽 국가들을 상대로 엄청난 이익을 챙기면서 금융위기가 벌어졌을 때에는 위기의 책임을 그들의 나태와 낭비로 돌리며 절약하고 아껴 쓰는 긴축정책을 강요하는 국가이기도 하다. 유로존 위기에 대해 원칙과 책임만을 강조하며 위기에 처한 이웃나라들을 돕지 않고 오히려 그들의 돈을 더 끌어 모으는 데 집중한다면 유로존은 파탄의 위기를 맞게 될 것이고, 더 나아가서는 유럽의 불화를 조장하게 될 것이다.

백조의 성: 마법의 왕자의 꿈

월터 부부와 헤어진 후 아우구스부르크(Augusburg) 교외의 작은 호텔에서 1박을 하고 이탈리아의 알프스인 돌로미테로 가는 길에 월트 디즈니 컴퍼니에서 제작한 영화 중 하나인 〈잠자는 숲 속의 미녀〉에 등장하는 성의 모델이었다는 노이슈반슈타인(신 백조의 성, Neuschwanstein) 성에 들렀다. 노이슈반슈타인 성은 이탈리아나 프랑스와 달리 거대한 성당이나 궁전 같은 상징 건물이 없는 독일의 랜드마크 역할을 하고 있는 중요하고 아름다운 건축물이다. 노이슈반슈타인 성은 엄청난 스토리텔링의 소재를 제공하고 딱딱하고 무뚝뚝한 독일인에게 동화 속 왕자와 같은 부드럽고 아름다운 면이 있다는 생각을 하게 하여 독일인들의 이미지 개선에 지대한 역할을 하고 있기 때문이다. 노이슈반슈타인 성은 1845년 바이에른 왕 막시밀리안 2세의 장자로 태어난 루트비히 2세(Ludwig II)가 1864년 부왕이 붕어한 뒤 왕위를 계승하자마자 유년시절의 꿈을 실현하기 위해 건축한 산성이다.

노이슈반슈타인 성 입구에 도달하여 주차를 하고 난 뒤 김 교수 부부와 우리 부부는 잠시 생이별을 해야 했다. 왜냐하면 나는 무릎 관절이 좋지 않고 아내는 심장이 좋지 않아 산을 오르는 것이 힘들어 마차를 탈 수밖에 없었고, 김 교수는 '경기66 산우회' 회장을 역임한 경력을 가진 인물로 그에게 산을 오르는 것은 다람쥐가 나무를 오르는 것처럼 쉬운 일이었고 김 교수 부인 또한 등산 애호가였기에 걸어서 백조의 성을 올라가기로 했기 때문이다. 우리는 두 마리의 말이 8인의 관광객을 싣고 올라가는 마차를 타고 노이슈반슈타인 성 입구 근처에 내렸는데 김 교수 부부는 이미 도착해 있는 것이 아닌가? 김 교수 부부의 등산 실력에 다시 한 번 감탄을 금치 못하였다.

노이슈반슈타인 성의 외부와 내부를 관람한 뒤 우리가 놀란 것은 세 가지이다. 첫째, 노이슈반슈타인 성은 중세시대에 지어진 고성이 아니고 19세기 후반 독일이 산업화와 근대화에 몰두할 때 지어진(1869~1886), 130년밖에 안 되는 짧은 역사를 가진 신 로코코 양식의 산성이라는 것이다. 루트비히 2세는 독일에 산업혁명이 일어나고 통일된 근대 민족국가가 들어서 지방 군주의 주권을 잠식하고 있는 현실을 인정할 수 없었다. 그래서 그는 회귀적인 중세 독일을 복원하려는 미학적 환상에 빠졌고 그 환상을 실현하기 위해 노이슈반슈타인 성을 건축한 것이다. 말하자면, 근대 시대에 근대 이전 시대의 마법의 성을 건축하려 한 것이다. 실제로 루트비히 2세는 프랑스의 태양왕 루이 14세의 베르사유 궁전을 노이슈반슈타인 성의 모델로 삼고 1878년 성 안에 헤렌킴제 궁전(Herrenchiemsee)을 신축하였다.

독일의 랜드마크인 노이슈반슈타인 성 ⓒ Softeis

둘째, 루트비히 2세는 동화 속의 왕자를 꿈꾼 시대착오적인 미치광이 왕이 아니라는 점이다. 그는 매우 교양 있고, 인문학적 지식이 풍부하며, 성경과 그리스 로마 신화에 정통하였다. 그리고 바그너의 음악을 사랑했고, 당시 비스마르크가 주도한 전쟁을 반대한 평화주의자였다. 노이슈반슈타인 성 내부를 보면 곳곳에 바그너의 오페라를 연주할 수 있는 무대와 배경벽화가 있다. 바그너의 〈트리스탄과 이졸데〉(Tristan und Isolde), 〈뉘른베르크의 명가수〉(Die Meistersinger von Nürnberg), 〈탄호이저〉(Tannhäuser), 〈파르지팔〉(Parsifal)의 배경이 그려진 벽화를 성 곳곳에서 볼 수 있었다. 바그너 음악에 대한 루트비히 2세의 사랑은 대단하였다. 그는 실제로 바그너의 최대 후원자 중한 사람이기도 했다. 그러나 바그너는 생전에 노이슈반슈타인 성을 방문하지 못했다. 노이슈반슈타인 성의 입주일이 1884년 봄으로 예정된 가운데 바그너는 1883년 2월 베네치아에서 사망했기 때문이다. 그러나 루트비히 2세와 바그너가 만난 적이 없는 것은 아니다. 그들은 루트비히의 호엔슈반가우(Hohenschwangau) 성에서 몇 번 만나 음악과 독일의 민족주의적 낭만주의 신화에 관한 이야기를 나누었다고 한다.

노이슈반슈타인 성에는 바그너 음악의 흔적 외에도 많은 성화(聖畵)와 게르만 민족 신화에 나오는 영웅들의 벽화가 그려져 있다. 특히 〈옥좌의 방〉(Thronsaa)은 예수승천도와 그를 받쳐주는 12사도를 묘사하고 있다. 기독교도인 루트비히 2세는 예수의 권위를 배경 삼아 바이에른 왕국 국왕으로서의 정통성을 세우고 싶었던 것이다.

세 번째로 놀란 것은 루트비히 2세가 국민세금과 국가예산으로 노이슈반슈타인 성을 짓지 않았다는 사실이다. 루트비히 2세는 베르사유 궁전을 건축한 루이 14세, 경복궁을 중건한 대원군과는 달리 자신의 사비로 노이슈반슈타인 성을 지으려 한 민주적인 왕이었다. 루트비히 2세가 노이슈반슈타인 성을 짓느라 국고를 탕진하고 재정파탄을 일으켜 강제퇴위 당했다는 이야기가 많지만 이는 전혀 사실이 아니다. 루트비히 2세는 건축비가 늘어나 자신의 재산과 국왕 봉급만으로 충당할 수 없게 되었을 때에는 자신의 사후 가족이 갚는 방식으로 대부를 받아 건축비를 충당하였다. 이처럼 루트비히 2세는 교양 있고 민주적인 왕이었다. 그러나 1886년 6월 8일 바이에른 정부의 '루트비히 왕 건강심

의위원회'(위원장 폰 구덴)가 루트비히 2세가 미쳤다고 선언하고 사흘 후에 그를 노이슈반슈타인 성에서 슈타른베르크(Starnberg) 호수 근처에 있는 베르크 성(Berg Castle)으로 강제 유폐시켰는데, 그는 유폐된 지 하루 만인 6월 13일 호수에서 익사체로 발견되었다. 정부의 발표는 자살이었으나 많은 사람들은 그가 살해당했다고 믿었다. 조선왕조 영조 치하에서 일어난 사도세자 살해사건에서 보듯이 권력은 부자간에도 나누지 못한다는 말이 있다. 루트비히 2세의 경우도 마찬가지이다. 꿈꾸는 동화 속의 왕자인 루트비히 2세는 동화 속의 성과 같은 아름다운 성을 지었으나, 그의 죽음은 볼로냐대학교의 움베르토 에코 교수의 추리소설, 《장미의 이름》(The Name of the Rose)에 나오는 중세의 어두컴컴한 수도원 지하실에서 벌어진 살인사건처럼 미스터리하면서도 비극적이었다.

루트비히 2세는 유난히 백조를 사랑하였고 자신이 건축한 성의 이름을 '신 백조의 성'으로 명명하였으며 성안에 많은 백조상을 남겼다. 순수의 상징인 백조는 중세 고성을 지키는 렌쉐르(lehnsherr, 중세귀족)이며, 무엇보다도 그가 좋아한 바그너의 〈로엔그린〉(Lohengrin)에서 중요한 역할을 하기 때문에 자신의 성을 '신 백조의 성'으로 명명하지 않았을까 하는 상상을 해본다. 그러나 백조와 같이 순수하고, 꿈 많은 왕자 루트비히 2세는 동화 속에 나오는 마법의 성을 지어 놓고 2년도 거주하지 못하고(실제 거주한 날은 172일) 퇴위당한 뒤 그가 좋아하는 백조가 실제로 살고 있는 슈타른베르크 호수에서 생을 마감하였다.

성을 빠져나오면서 우리는 그가 노이슈반슈타인 성의 터를 잡는 것에서부터 대단한 안목을 지닌 군주였음을 알 수 있었다. 성은 산의 중간 정도 높이에 위치해 바이에른 지방의 풍요롭고 넓은 평야를 한눈에 바라볼 수 있고, 백성들이 열심히 일하고 있는지 관찰할 수 있으며, 성 후면에는 높은 절벽을 두어 자연의 험난함이 성을 보호할 수 있도록 했다. 또한 절벽 밑으로는 웅장한 폭포와 다리가 있고, 성보다 훨씬 높은 아름다운 산이 자태를 뽐낸다. 노자는 《도덕경》에서 '거선지'(居善地, 착한 땅에 살아야 한다)라고 하였는데, 이 명구는 도교의 도인(道人)뿐 아니라 유럽의 군주에게도 해당된다는 생각을 하면서 이탈리아 알프스의 걸작 돌로미테로 향했다.

우리가 돌로미테로 가는 노정에서 잠시 머문 곳은 오스트리아 알프스의 중심도시 인스브루크이다. 인스브루크는 중세의 성을 중심으로 구도시가 그대로 보존된 고도이다. 인스브루크 30킬로미터 아래에는 괴테가 지나간 브레너 고개가 있다. 괴테는 인스브루크의 눈 녹은 물이 흐르는 개천이 보이는 호텔에서 숙박을 한 뒤 바로 이 고개를 넘어 이탈리아로 진입하였다. 우리는 240년 전 독일 문호 괴테가 지나간 길과 같은 길을 넘는다는 사실에 가슴 뿌듯하였다. 브레너 고개 주위는 2,200미터가 넘는 산이 3개나 있어 겨울철 스포츠의 최적지이다. 그러한 이점 덕분에 인스브루크는 1964년과 1976년에 동계올림픽을 개최하였고, 스위스의 생 모리츠, 미국의 레이크플래시드와 함께 동계올림픽을 2회 이상 개최한 도시가 되었다. 인스브루크의 이러한 기운을 얻고자 함이었는지 올림픽 개최를 열망하던 무주의 한 리조트는 인스부르크를 주도로 삼고 있는 '티롤'의 이름으로 호텔을 지었다고 한다.

지중해와
아드리아 해를
가진 아름다운
이탈리아

스위스

오스트리아

돌로미테

슬로베니아

이탈리아

베로나

베네치아

크로아티아

친퀘테레

피사

피렌체

몬테풀치아노

시에나

아시시

로마

지중해

돌로미테 1:
알프스 울산바위들이 집결하다

오스트리아 알프스를 넘어서 이탈리아 알프스의 보석, 돌로미테 산자락에 들어서니 곳곳에 바위산이 즐비하였고 리프트와 케이블카는 부지런히 사람들을 나르고 있었다. 예약한 호텔에 도착하고 나니 우리가 이탈리아에 와 있다는 사실을 실감할 수 있었다. 붉은 지붕에 하얀 벽돌로 지어진 이탈리아의 집을 통해 밝고 즐겁게 사는 이탈리아 사람들의 생활방식을 엿볼 수 있었다. 우리가 묵을 호텔 주인은 친절하였고 방 또한 깨끗했다. 걷기를 좋아하는 김 교수 부부와 경치 좋은 곳에서 절경을 바라보며 휴식을 취하기를 원하는 우리 부부는 첫날은 따로 보내고 둘째 날은 함께 차를 타고 아름답고, 웅장하고, 보석 같은 돌로미테의 모든 봉우리들을 둘러보는 것으로 일정을 잡았다.

"요세미테4) (Yosemite, 캘리포니아의 대계곡)에는 가 보았는데 '요새 위에'는 못 가봤다"는 우스갯소리가 있는데, 우리 부부는 '돌로미테'는 가봤지만 '돌로 위에'는 못 가봤다. 이탈리아 국립공원 당국은 중요한 경승지인 돌로미테에 리프트와 케이블카를 설치하여 사람들이 직접 바위산을 등반하지 않고도 편리하게 정상에 올라 산을 구경할 수 있게 배려하였다. 이탈리아를 비롯해 유럽에 유난히 리프트와 케이블카가 많은 이유에 대해 당국은 환경과 장애인에 대한 배려라고 설명한다. 우리나라의 환경단체들은 유난히 케이블카 설치를 반대하는데 유럽의 사례를 반면교사(反面敎師) 삼아 케이블카에 대한 환경근본주의적 태도를 재고해야 하지 않을까 생각한다. 케이블카를 설치할 경우 많은 사람들이

돌로미테의 웅장한 바위산과 그 아래로 보이는 마을들 ⓒ 임혁백

산을 걷고 밟음으로써 발생하는 자연환경 훼손과 파괴를 줄일 수 있기에 더 친환경적이다. 더구나 케이블카를 설치할 경우 산을 오르기 힘든 장애인이나 노인들에게도 경승지의 아름다움을 즐길 수 있는 기회를 제공할 수 있다. 그들도 시민일진대 건강한 시민들이 누리는 자연경관을 보는 즐거움을 동등하게 누릴 수 있는 기회를 제공하는 것이 국민이 주인인 민주국가의 정부가 해야 할 의무이다.

나는 설악산의 울산바위의 아름다움에 넋을 잃은 적이 한두 번이 아니었는데 돌로미테는 울산바위가 수백 개 모이고 흩어져 있는 '이탈리

울산바위

울산바위의 전설은 속초시(束草市) 이름의 연원에 대해 알려준다. 설악산 구경을 왔던 울산 원님이 신흥사 주지에게 남의 바위를 차지하고 있으니 세금을 내라고 하자 동자승이 세금을 못 내겠으니 가져가라 하였다. 울산 원님이 새끼로 묶어주면 가져가겠느냐고 하여 청초호와 영랑호 사이에 있는 풀로 새끼를 꼬아 울산바위를 동여맨 뒤, 새끼를 불에 태워 재로 꼰 새끼를 만들었다. 이에 울산 원님이 바위를 가져갈 수 없게 되었고, 세금을 내라 는 말도 하지 못하게 되었다. 그 후 청초호와 영랑호 사이 지역은 묶을 속(束)과 풀 초 (草)가 결합된 '속초'가 되었다.

아 알프스의 울산바위 마을'이었다. 울산바위에 관한 재미난 전설에 대 해 이야기하면, 옛날 옛적에 조물주께서 세상을 창조할 때 금강산의 경관을 빼어나게 만들기 위해 전국의 이름 있고 잘생긴 바위들을 불러 모았다. 이 소식은 경상도 울산에 있는 큰 바위에게도 전해져 울산바 위는 제 발로 울산을 벗어나 금강산으로의 긴 여정에 오르게 되지만 위 낙 덩치가 크고 몸이 무거운 탓에 금강산으로 가던 중 쉬기 위하여 잠 시 멈추었는데 그 쉼터가 현재의 설악산이었다. 울산바위가 설악산에 서 쉬는 동안 금강산은 이미 아름다운 산으로 완성되었고, 결국 울산 바위는 금강산으로 가지 못하고 설악산에 주저앉게 된 것이라고 한다.

울산바위의 전설을 돌로미테에 적용해 보면, 돌로미테는 하나님이 전 알프스의 큰 바위들을 금강산이 아닌 이곳 돌로미테에 집결시킨 것 이 아닌가 하는 상상을 하게 된다. 그러나 돌로미테의 속살을 들여다보 면서 돌로미테를 울산바위에 비유하는 것이 과연 적절한가 하는 생각도 들었다. 우선 돌로미테 바위산의 규모는 울산바위와는 비교가 안 되었 고, 바위산과 산 사이에는 고원이 있고, 에밀리 브론테(Emily Bronte)

의 《폭풍의 언덕》(Wuthering Heights)이 있으며, 끝없는 야생화와 야생초의 들판이 있다. 그리고 바위 사이로 눈 녹은 물이 흘러내려 폭포를 이루고, 그 아래에는 수정처럼 맑고 깨끗한 호수들이 있으며, 곳곳에는 산간마을이 있다. 우리는 돌로미테의 거대한 규모에 압도당하고, 그 아름다움에 부끄러웠으며, 바람에 쓰러졌다 다시 일어서는 들꽃들의 끈질긴 생명력에 고개를 숙였다.

돌로미테 2: 구름은 산을 넘지 못하고

돌로미테 초원의 들풀과 풀꽃을 보면서 고(故) 김수영 시인의 〈풀〉이라는 시와 김현숙 시인의 〈풀꽃으로 우리 흔들릴지라도〉라는 시가 자연스럽게 떠올랐다.

풀이 눕는다
비를 몰아오는 동풍에 나부껴
풀은 눕고
드디어 울었다
날이 흐려서 더 울다가
다시 누웠다

풀이 눕는다
바람보다도 더 빨리 눕는다

바람보다도 더 빨리 눕고
바람보다 먼저 일어난다
날이 흐리고 풀이 눕는다
발목까지
발밑까지 눕는다

바람보다 늦게 누워도
바람보다 먼저 일어나고
바람보다 늦게 울어도
바람보다 먼저 웃는다
날이 흐리고 풀뿌리가 눕는다

김수영, 〈풀〉

우리가 오늘 비탈에 서서
바로 가누기 힘들지라도
햇빛과 바람 이 세상맛을
온몸에 듬뿍 묻히고 살기는
저 거목과 마찬가지 아니랴
우리가 오늘 비탈에 서서
낮은 몸끼리 어울릴지라도
기쁨과 슬픔 이 세상 이치를
온 가슴에 골고루 적시고 살기는
저 우뚝한 산과 무엇이 다르랴

저 우뚝한 산과 무엇이 다르랴

돌로미테 초원의 들풀과 풀꽃 ⓒ 임혁백

이 우주에 한 점

지워질 듯 지워질 듯

찍혀 있다 해도

김현숙, 〈풀꽃으로 우리 흔들릴지라도〉

그렇다. 우리는 거대한 돌로미테 바위산의 위용에 압도당했고, 김현숙 시인이 노래한 것처럼 우리 인간은 우주의 극히 자그마한 한 점에 지나지 않지만 우리는 거대한 바위산과 똑같은 주님의 은혜를 입고 살고 있지 않는가? 또한 김수영 시인이 노래했듯이 우리는 이름 없는 들풀이지만 바람이 불면 쓰러지고 바람이 지나가면 다시 일어나는 오뚝이 같은 끈질긴 생명력이 있는 존재 아닌가? 그래서 예부터 우리 조상은 서민들을 민초(民草)라고 불렀다. 민초는 김수영 시인이 노래했듯이 "바람보다 더 빨리 눕고, 바람보다 먼저 일어난다". 바람이 권력이라면 들풀은 민초이다. 민초는 권력이 밟으려 할 때 더 빨리 누워버린다. 그러나 권력보다 먼저 일어나 불의(不義)한 권력을 뒤집는다. 순자(荀子)는 〈군주신수〉(君舟臣水)에서 "君者舟也 庶人者水也 水則載舟 水則覆舟"(임금은 배요 백성은 물인데, 물은 배를 뜨게 하기도 하고 배를 뒤집기도 한다)라는 경구를 남겼다. 폭정을 일삼는 폭군이 순자의 이 경구를 읽었다면 간담이 서늘해지고, 중국 당나라 말 반란을 일으킨 황소(黃巢)가 〈격황소서〉(檄黃巢書)를 읽고 침상에서 떨어졌듯이 사시나무처럼 떨면서 민초가 가진 엄청난 힘을 알게 되어 민초를 위하는 정치를 생각하게 될 것이다.

유럽에서는 중세 시대부터 솔즈베리의 요하네스(John of Salisbury)에서 시작하여 알투지우스(Jahannes Althusius, 1557~1638)가 폭군방벌론(monarchomachi)을 이야기했다. 알투지우스의 폭군방벌론의 역사적 위대함은 종교가 아닌 자연법에 기초하여 국민의 저항권을 주장했다는 데 있다. 알투지우스는 기존의 기득 종교인 가톨릭과 군주가 결합했을 때, 이 군주는 인민과의 계약을 위배한 폭군이므로 이에 반대하여 방축살해(放逐殺害)하는 것도 정당하다는 폭군방벌론을 주장하였던 것이다. 유럽의 폭군방벌론은 존 로크에서 완성된다. 존 로크(John Locke)는 시민과 맺은 사회계약을 어긴 군주는 축출해도 된다는 혁명론을 이야기하여 영국 명예혁명의 이론적 정당성을 제공했다.

그런데 동양에서는 이보다 훨씬 이전인 2400년 전에 맹자가 이미 폭군방벌론을 이야기하였다. 맹자(孟子, BC 372~289)는 제선왕(濟宣

격황소서

황소로 하여금 놀라 침상에서 떨어지게 한 최치원의 격황소서의 구절은 "천하 사람들이 모두 너를 드러내놓고 죽이려고 생각할 뿐만 아니라, 땅속의 귀신까지 이미 가만히 베어 죽이려고 의논하였을 것이니, 비록 네가 잠깐 동안 숨이 붙어 있고 혼은 논다고 하지만, 벌써 정신이 달아났고, 넋이 빠졌으리라"(不唯天下之人皆思顯戮 兼恐地中之鬼已議陰誅 縱饒假氣遊魂 早合亡神奪魄) 이다.

王)에게 폭군방벌론의 정당성을 명료하게 설파하였다

　曰臣 弑其君可乎
　曰賊仁者 謂之賊
　賊義者 謂之殘
　殘賊之人 謂之一夫
　聞誅一夫紂矣
　未聞弑君也

　제선왕이 묻기를, 자신의 군주를 시해하는 것이 가능한가요?
　인을 해치는 사람을 적이라 부르고
　의를 해치는 사람을 잔이라 부르는데
　잔적한 사람은 일개 필부라 부른다
　나는 일개 필부인 은나라 주왕을 죽였다는 소리는 들었으나
　군주를 시해했다는 소리는 듣지 못하였다

맹자, 《양혜왕장구》

　맹자는 군주에게 큰 잘못이 있으면, 간(諫) 하고 그것을 되풀이하여

간하여도 듣지 아니하면 그 군주를 시해(弑害)하여 제거(除去)해야 한다고 간했다. 그는 이미 군주가 아니라 일개 필부이기 때문이다. 그래서 탕왕(湯王)이 폭군 걸(桀)을 내쫓고 무왕(武王)이 은나라 폭군 주왕(紂)을 방벌(放罰)한 것이라고 제선왕에게 가르쳐주었다.

한국의 조선왕조 시대에도 프랑스 혁명이 일어난 시기와 비슷한 때에 실학사상가인 다산 정약용(丁若鏞)이《목민심서》중〈원목〉(原牧)과〈탕론〉(湯論)에서 폭군방벌론을 이야기하였다. 다산은 백성이 나라의 주인이고 백성을 위해서 임금을 가려 뽑아 세웠으며, 그 백성이 잘 살게 되는 것이 치자(治者)의 천직이고 이를 다하지 못할 때에는 백성이 이를 갈 수 있다는 생각을 대담하게 제시했다. 이는 맹자의 민귀군경(民貴君輕) 사상과 닿아 있다. 맹자는《진심장구》(盡心章句下)에서 "백성이 제일 귀하고, 사직은 그 다음이고, 임금은 그중 가장 가벼운 것이다"(民爲貴, 社稷次之, 君爲輕)라고 주장하였다.

민주화 이후 당시 아태평화재단 이사장으로 있던 고(故) 김대중 대통령도 싱가포르 리콴유와 동아시아 민주주의에 관한 논쟁을 할 때, 맹자의 폭군방벌론을 이야기하면서 한국에도 동학의 인내천(人乃天, 사람이 하늘이다) 사상이 있는데 이것이 한국의 폭군방벌론이며 한국의 전통사상에도 민귀군경의 민주주의 이념이 담겨 있다고 주장하면서 리콴유의 권위주의적인 '동아시아 가치론'을 일축하였다.

돌로미테 바위산과 언덕 위에 펼쳐진 고원지대의 이름 모르는 들꽃과 들풀들이 거대한 바람과 폭풍우를 견디는 모습과 시꺼먼 먹구름이 3천 미터의 큰 바위를 끝끝내 넘지 못하는 모습을 보았다. 백성들이 힘을 다해 합창을 하면 여리고성(城)을 무너뜨리고 큰 바위처럼 꿈쩍도 않고 엉덩이 무겁게 앉아 촛불시위, 연좌농성을 하면 권력의 거센 비바람도 이길 수 있는 것이다. '백성은 귀중한 것'이라는 민귀군경의 사상을 권력자들이 체득하고 내면화하지 않으면 민주주의는 정착될 수 없고, 백성을 귀하게 여기지 않는 폭군들은 결국 민초들의 저항의 합창으로 방벌되기 마련이다. 민주화의 역사가 그러하고 민주주의 연구 전문가로 자처하는 필자가 보기에는 더욱 그러하다.

한니발 장군, 이탈리아 알프스를 넘다

평소에 프랑스나 이탈리아의 알프스를 오를 때마다 로마 시대에 카르타고의 한니발 장군은 코끼리 37마리를 이끌고 알프스를 넘었다는데 과연 어느 루트로 넘었는지, 이탈리아 알프스 중앙부의 끝자락인 돌로미테를 넘으면서는 혹시 여기가 아닐까 하는 추측도 해보았으나, 여러 역사문헌과 한니발의 전쟁에 관한 이야기들에 의하면 돌로미테는 한니발의 루트는 분명 아니었던 것 같다. 왜냐하면 돌로미테는 바위산이기에 다른 알프스 지역보다 넘기가 훨씬 더 힘들었을 것이기 때문이다.[5] 그래도 한니발이 수만의 군사들과 코끼리 떼와 함께 험준한 알프스를 넘게 한 그의 리더십에 관해 이야기하는 것이 독자들에 대한 예의가 아닌가 생각한다.

　기원전 218년 5월 카르타고의 장군 한니발은 로마를 정복하기 위해 37마리의 코끼리가 포함된 2만 6천 명의 원정대를 이끌고 북아프리카 카르타헤나를 떠났다. 그 후 그는 스페인의 에브로 강을 건너 피레네 산맥을 지나 프랑스의 갈리아 지방을 횡단한 다음 알프스 산을 넘었다.
왜 한니발 장군은 알프스를 넘는 고난의 행군을 했을까? 당시 최강의
해군을 보유하고 있는 로마를 상대로 해전을 치르면서 바다를 건너 로
마로 진격하는 것은 쉽지 않았기 때문이다. 따라서 한니발은 로마의
허를 찌르기 위해 알프스를 넘어 이탈리아 반도 북쪽에서 포 강으로 내
려가면서 로마의 배후를 치기로 결정했고, 이를 위해 험준한 알프스를
넘는 것도 마다하지 않았다.

　이처럼 한니발이 왜 알프스를 넘었는지에 관한 질문에는 쉽게 답이
나온다. 그러나 아직까지 많은 역사학자들이 명료하게 풀지 못하고 있
는 질문은 한니발은 거대한 알프스의 어느 루트를 통해 산을 넘었고 어
떻게 그 험준한 산을 코끼리가 포함된 대군을 이끌고 넘을 수 있었는가
하는 것이다. 한니발의 대군은 피레네 산맥을 넘어 지중해 해안을 따
라 순탄하게 행군하다가 론 강을 건너 이탈리아의 알프스 산자락을 넘
었다. 5월의 눈 덮인 알프스는 여전히 추웠다. 한니발은 행군하는 동
안 일개 병사와 마찬가지로 얼어붙은 음식을 먹고, 알프스의 가파른
낭떠러지의 틈새에서 병사들과 함께 잠을 잤다. 한니발 군은 굉장히
빠른 속도로 행군하여 불과 보름 만에 알프스를 넘었는데 4만 6천 명의

병사 중 2만 명의 병사를 잃는 희생이 수반된 속도전이었다. 그러한 엄청난 희생을 치렀음에도 불구하고 병사들은 말없이 한니발의 원정길에 끝까지 동행하였다. 한니발의 군대는 이탈리아 북서쪽 알프스를 넘어 포 강 상류 계곡으로 내려와 토리노를 습격하였고, 남진하여 트레비아 전투에서 대승을 거둔 뒤, 기원전 217년 중부 이탈리아 움브리아 지방의 트라시메노 호수(Lake Trasimeno) 전투에서 로마의 플라미니우스 장군을 격파했다. 로마군사 1만 6천 명이 전사한 데 반해 카르타고 군은 1,500명의 전사자를 내었을 뿐이다. 이 전투로 트라시메노 호수가 로마 병사들의 피로 붉게 물들었다고 한다. 한니발은 기원전 216년 칸네(Cannae) 전투에서 로마 군을 결정적으로 대파하였다. 한니발이 로마를 연이어 격파한 전쟁을 제2차 포에니 전쟁(Punic Wars)이라 하는데, 이처럼 병력, 군수, 장비 등 모든 점에서 열세인 한니발이 전쟁을 대승으로 이끈 리더십은 무엇일까?

첫째, 한니발은 병사들에게 자유를 주고 이를 지키기 위해서는 목숨까지 바쳐야 한다는 사실을 일깨워 주었다. 한니발은 갈리아인 포로들을 한가운데에 세우고 자기 병사들을 그 주위에 둥글게 세웠다. 한니발은 포로들의 포박을 풀어준 뒤 다음과 같이 말하였다. "결투를 벌여 이기면 살려주겠다. 무기와 말을 주고 자유까지 주겠다." 이에 갈리아인 포로들은 저마다 결투사가 되기를 원하였고, 카르타고 병사들은 죽을힘을 다해 치고받는 갈리아인들을 구경하였다. 결투가 끝나자 한니발이 카르타고 병사들에게 말하였다. "그대들이 방금 본 것은 구경거리가 아니다. 포로들인 갈리아인들이 처한 상황이 곧 그대들이 현재 처한 상황인 것이다. 우리에게 도망칠 곳은 없다. 앞에는 포 강이, 뒤에는 알프스가 우리를 가로막고 있다. 그대들에게는 로마인들을 무찌르고 돌파하느냐 아니면 패하여 죽느냐 하는 두 길밖에 없다." 한니발은 자유란 쟁취하는 것이고, 쟁취한 자유를 지키기 위해서는 자신의 목숨까지 내어놓는 희생을 치러야 한다는 말로 병사들을 분기시켰다.

둘째, 한니발은 전쟁에서의 승리라는 훌륭한 행위에 대해서는 충분한 보상이 따를 것이라는 약속으로 병사들로부터 '자발적 추종'(*willing obedience*)을 이끌어내었다. 한니발은 이어서 연설했다. "그대들이 승자가 된다면 엄청난 보상을 받게 될 것이다. 로마를 이기면 로마와 그 속국들을 그대들에게 모두 나누어줄 것이다. 휴식은 충분히 취했다. 앞으로 우리가 겪게 될 고생은 지금까지의 고생과는 다르다. 보수가 기다리고 있는 고생이다. 여러분 앞에는 눈부신 황금이, 아름다운 여자가, 고귀한 신분이 기다리고 있다. 이 전쟁은 반드시 우리의 승리로 끝날 것이다. 전쟁에서 이기면 그대들에게 에스파냐와 이탈리아를 주겠다. 세금은 다음 세대까지 면제하겠다. 금화를 원하면 금화를 주고, 노예로써 전쟁에 참가하면 카르타고 시민권을 주겠다."

셋째, 한니발은 병사들과 동고동락하며 리더십을 발휘하여 병사들의 마음을 얻었다. 그는 추위도 더위도 묵묵히 견뎌내었다. 병사들과 동일한 거친 음식을 투정 없이, 그것도 배가 고플 때에만 먹었다. 잠 또한 잠자는 시간이기 때문이 아니라 꼭 잠을 자야 할 때만 잤다. 처리해야 할 일이 끊이지 않기 때문에 그는 식사, 숙면, 휴식을 취하는 것보다 일을 우선시 하였다. 그는 밤낮을 가리지 않고 일했다. 그는 병사들에게 물질적 보상을 약속했을 뿐 아니라 영예와 영광까지 나누려했다. '영예와 영광의 평등'(*Those equal in honor*)이 한니발 장군의 카

한니발의 리더십과 맹자

맹자는 한니발보다 200년 전에 이와 비슷한 여민동락(與民同樂)의 리더십을 이야기했다. "樂民之樂者 民亦樂其樂 憂民之憂者 民亦憂其憂"(백성의 즐거움을 즐거워하는 군주는 백성도 그의 즐거움을 즐거워하고, 백성의 근심을 걱정하는 군주는 백성 또한 군주의 근심거리를 걱정한다, 맹자, 《양혜왕장구》)

리스마의 원천이었다. 영광까지 함께 나누려는 지도자를 자발적으로 따라가지 않을 병사는 그리 많지 않을 것이다. 한니발의 병사로서 그를 배신하고 떠난 자는 단 한 사람도 없었다고 한다. 더구나 아프리카인과 에스파냐인, 갈리아인들이 섞인 혼성군으로 병사들끼리 서로 말이 통하지 않았지만 한니발의 지휘에 따라 일사불란하게 움직여 전투에 임했다는 것은 한니발의 지도력으로밖에 설명할 수 없다. 한니발 장군은 천재적인 전략가이지만 과묵한 사람이었으며, 무엇보다도 병사들을 아끼는 관후인자(寬厚仁慈)한 지휘관이었다. 한니발의 영광까지 함께하는 나눔의 리더십, 자유의 소중함을 일깨워주는 리더십이 병사들로 하여금 한니발에게 자발적으로 따르게 하였고 무려 16년간의 긴 전쟁에도 불구하고 병사들로 하여금 한니발에게 충성을 바치도록 한 것이다.

가르다 호수와 시르미오네 고성

돌로미테를 넘어 베로나로 가는 길에 가르다(Garda) 호수의 보석으로 불리는 시르미오네(Sirmione) 반도에 들러 오랜만에 휴식을 취하였다. 돌로미테를 넘으니 평원이 눈앞에 펼쳐졌고 그 평원의 끝자락에는 길쭉한 모양의 거대한 호수가 누워 있었다. 《로미오와 줄리엣》의 무대인 베로나 북서쪽에 위치한 가르다 호수는 밀라노 북쪽의 코모(Como) 호와 함께 알프스의 고대빙하와 눈 녹은 물이 모여 만들어진 것으로 그물은 수정처럼 맑고 깨끗하며 코발트색을 띠고 있었다.

우리는 가르다 호수의 남단에서 시작하여 호수를 향해 창처럼 가늘고 길게 뻗은 시르미오네 반도를 둘러보았다. 마치 플로리다 마이애미 남서쪽 마지막에 있는 섬인 키 웨스트(Key West)로 향하는 세븐마일 브리지(양쪽으로 바다를 감상할 수 있다)를 연상케 했다. 길게 뻗은 시르미오네 대로의 양쪽에는 붉은색, 핑크색, 흰색의 유도화(柳桃花, 복숭아와 버드나무를 접목하여 만들어진 아열대 지방의 꽃)와 붉은 백일홍(百日紅, 배롱꽃)이 흐드러지게 피어 있었다. 백일홍은 따뜻한 곳에서 자라는데 필자가 연구년을 보낸 워싱턴 D.C., 메릴랜드, 버지니아, 노스캐롤라이나 주에 특히 많다. 그런데 조사를 해보니 미국 대서양 남부의 백일홍나무와 꽃은 한국에서 왔다고 한다. 한국에서는 배롱나무, 배롱꽃이라고도 부르는데, 원래는 백일 동안 핀다고 하여 백일홍이라 불렀는데 점차 쉬운 발음으로 변하여 '배롱'으로 변한 것이다. 배롱나무는 줄기는 겉껍질 없이 사람의 맨살처럼 매끄러워 청렴하고 투명한 선비의 모습을 상징한다 하여 선비나무라 불렀고, 서원, 정자, 서당,

양반집 후원에 주로 심었다고 한다. 필자의 고향인 경주 남산 서출지(書出池) 연못가에도 이요당(二樂堂, 현종 때 필자의 조상이 지은 정자)이라는 정자가 있는데 당시 그 주위에 심은 배롱나무는 현재 고목이 되어서도 올곧은 자태를 뽐내고 있다. 그런데 서출지가 사적지가 되고 이요당이 경상북도 문화재가 되면서 당국이 서출지 둑에 수십 그루의 배롱나무를 심어 놓으니 꼭 제국주의 일본이 미국 독립 100주년 기념선물이라며 심어 놓은 제퍼슨 기념관 호숫가의 벚꽃나무 형상과 비슷하다. 모습은 화려하나 청렴한 선비나무의 멋은 사라졌고 선비들의 정자인 이요당과는 어울리지 않게 되었다. 시르미오네 반도의 배롱꽃은 화려한 색깔의 꽃이 뭉텅이로 흐드러지게 피어 선비의 고결한 멋을 가진 자미화(紫薇花)와 자미나무(배롱나무의 다른 이름)로 보이기보다는, 볼륨 있는 서양 미인의 아름다움을 닮은 배롱홍(crape myrtle)으로 보였다.

배롱꽃과 더불어 시르미오네에는 로마지역에서 주로 자라는 로마 소나무가 있는데, 상부에 빵떡모자 모양의 솔잎들이 모여 군집을 이루고 그 아래는 아무것도 달려있지 않은 소나무를 로마 소나무라고 한다. 로마 소나무가 얼마나 우아하게 보였는지 이탈리아의 작곡가 레스피기(Ottorino Respighi, 1879~1936)는 〈로마의 소나무〉라는 곡을 쓰기도 했다. 그는 로마를 주제로 한 교향시 3부작 〈로마의 분수〉(*Fountains of Rome*, 1917년), 〈로마의 소나무〉(*Pines of Rome*: *Pini di Roma*, 1924년), 〈로마의 축제〉(*Roman Festivals*, 1926년)를 작곡하였는데, 〈로마의 소나무〉는 3부작의 두 번째 곡으로 4악장으로 구성되어 있는데, 1악장은 빌라 보르게세의 소나무, 2악장은 카타콤베 부근의 소나무, 3악장

배롱꽃은 자미화라고도 불렀다. 가사의 대가 송강 정철은 "꽃이 백일이나 핀 것은, 물가에 심었기 때문이네, 봄이 지나도 이와 같으니 봄의 신이 시기하리라" (정철, 《紫薇嘆》) 라고 노래하였다. 서출지 연못가의 자미화가 수백 년 동안 피는 것은 우리 조상이 물가에 심었기 때문일까?

은 자니콜로의 소나무, 4악장은 아피아가도의 소나무에 의탁하여 고대 로마에 대한 향수를 이야기한다.

로마 소나무를 일명 '우산 소나무' (umbrella pine) 라고 부르기도 하는데, 필자가 빵떡모자로 표현한 소나무 윗부분이 흡사 우산처럼 생겨서 가로수나 정원수로 심어 놓으면 비가 내릴 때에는 우산이 되어주고 햇볕이 쨍쨍할 때는 양산이 되어주는 매우 고마운 나무이다. 소나무 이름 하나 짓는 데도 이렇게 독창적이고 독특한 스토리텔링을 만드는 이탈리아인들의 창의성에 다시 한 번 놀랐다.

시르미오네 반도는 호수를 자연적인 해자로 삼아 육지로부터 자신을 방어하는 데 최적의 지형을 하고 있었다. 나의 예상대로 반도 끝 호숫가에는 방어용 고성이 있었고, 그 고성은 관광객들이 가장 가보고 싶어 하는 관광명소가 되었다. 4~5세기의 로마제국은 그 자리에 가르다 호수의 남쪽 해변을 지키는 방어용 요새를 구축하였으나 13세기 초 스칼리제르(Scaligero) 가문의 수중으로 넘어갔다. 스칼리제르 출신 마스티노 1세 델라 스칼라(Mastino I della Scala) 가 새로운 성을 신축하였는데, 성은 시르미오네 반도의 끝에 위치해 호수 안에 있으면서도 성에 대한 접근을 어렵게 하는 방어용 해자를 2중, 3중으로 파놓아 도

시르미오네 고성과 가르다 호수 ⓒ 임혁백

개교(跳開橋)를 통해서만 성안으로 들어갈 수 있게 해 놓았다. 시르미오네 성의 주인은 베네치아 공화국으로 넘어갔다가(1405~1797), 다시 합스부르크제국이 장악하였고, 1860년 이탈리아가 통일되면서 이탈리아왕국의 소유로 돌아왔다. 성의 주인이 여러 번 바뀌는 우여곡절은 있었으나, 방어용 요새라는 성의 역할에는 변함이 없었다. 시르미오네 성은 19세기까지도 병영과 감옥으로 사용되었다고 한다. 우리는 방어용 해자 물길 위에서 한가롭게 노닐고 있는 백조를 보며 전쟁과 평화의 양면성을 실감하였다.

시르미오네는 이와 같은 역사문화관광 자원으로서의 가치가 있다하여 유네스코 세계문화유산으로 지정되었다. 길게 뻗은 해변의 모래사장이 펼쳐진 반도의 호반에는 유럽의 작가, 시인, 예술가, 그리고 부호들의 별장이 즐비하였다. 괴테는 이탈리아 여행길에 가르다 호수 남단에 있는 경승지이자 휴양지인 시르미오네에서 여행 중에 쌓였던 피로를 풀었고, 에즈라 파운드와 제임스 조이스는 이곳에서 조우하였다. 유명한 오페라 여신인 마리아 칼라스는 이곳에 자신의 빌라를 소유할 정도로 시르미오네를 사랑하고 소유하고 싶어 했다.

베로나의 아레나에서
오페라 〈아이다〉를 관람하다

우리는 가르다 호수를 떠나 베로나(Verona)로 향했다. 베로나 시내로 들어가기 전에 교외의 호텔에 짐을 풀었다. 우리가 묵은 곳은 베스트 웨스턴 호텔로, 오랜만에 유럽의 좁고 오래된 시설의 호텔에서 벗어나 공간이 넓고 최신 시설을 갖춘 미국식 호텔을 이용하니 그동안 쌓인 여독이 한꺼번에 풀리는 것 같았다. 게다가 숙박비도 저렴하니 베로나를 방문하는 관광객들에게 이 호텔을 추천한다.

베로나에 들른 주목적은 아레나(arena, 원형경기장)에서 베르디의 오페라 〈아이다〉(Aida)를 관람하기 위해서였다. 베로나는 원래 《로미오와 줄리엣》의 무대로 알려져 있다. 《로미오와 줄리엣》(Romeo and Juliet)은 루이지 다 포르토(Luigi Da Porto)가 1520년에 썼는데 그후 셰익스피어가 동명의 희곡으로 발표하여 수많은 연인들이 한 쌍의 비극적인 사랑이야기를 사랑하게 되었다. 베로나에는 '줄리엣의 집'

베로나 원형경기장에서의 오페라 〈아이다〉 공연 실황 ⓒ 임혁백

(*casa di Giulietta*)이 있고 그 집에는 로미오가 줄리엣에게 사랑을 고백하기 위해 올라갔던 발코니가 있다. 그러나 실제로 이 집은 13세기에 지어진 여관을 복원한 것이라고 한다. 로미오의 집은 줄리엣의 집 근처에 있고, 줄리엣의 무덤도 베로나에 있지만 입장권을 구매해야 그녀를 조문할 수 있다.

　로미오와 줄리엣의 비극적 사랑 이야기는 픽션이다. 그러나 픽션과 현실을 혼동하는 것도 《로미오와 줄리엣》 같은 아름다운 이야기라면 과히 나쁘지 않다. 괴테도 이탈리아 여행길에 베로나에 들러 상당 기간 동안 투숙했다고 한다. 아마 괴테가 셰익스피어의 《로미오와 줄리엣》희곡에 마음을 뺏겨 줄리엣의 도시, 베로나를 들리지 않았나 생각된다. 괴테는《이탈리아 여행》에 로마제국이 지어놓은 아레나에 대해 언급했고 셰익스피어의《로미오와 줄리엣》을 회상하는 구절을 남겨놓았다. 그는 분명 줄리엣을 만나기 위해 베로나에 들른 것이다.

셰익스피어는 이 소설을 통해 전통적 권위에 저항하였고, 결혼 전까지 순결을 지키되 사랑하는 이와 함께하는 날을 기다리는 순수하면서도 정열적인 신 여성을 그렸다. 줄리엣은 결혼 전날 로미오와의 초야를 상상하며 어서 밤이 오기를 재촉하며 열정을 폭발시킨다.

나의 로미오를 다오, 그리고 그는 내 속에서 죽어야 한다[6]
그를 데려와서 조각내어 작은 별들에게 가져다주자
그러면 그는 하늘의 얼굴을 아름답게 하여
이 세상 모두가 밤에 사랑을 나누게 될 거야
그리고 대낮에 유난히 빛나는 태양에 대한 숭배는 더 이상 하지 말자
윌리엄 셰익스피어, 《로미오와 줄리엣》

베르디의 오페라 〈아이다〉 공연은 9시가 넘어서 개막되었다. 여름철이라 해가 길어 조명이 제 역할을 할 때까지 어두워지기를 기다리는 것 같았다. 베로나의 아레나는 로마의 콜로세움과 같은 원형경기장으로, 로마 시대에는 주로 검투사의 경기가 있었다고 한다. 베로나의 아레나는 로마 시대의 아레나 중 로마의 콜로세움과 나폴리의 원형경기장에 이어 세 번째로 큰 규모이다. 그런데 거대한 규모에도 불구하고 음향효과가 좋아 원형경기장 마지막 줄에서도 소리가 잘 들리기에 로

마의 원형경기장 건축기술에 감탄을 금치 못했다.

베르디의 오페라 〈아이다〉는 그의 오페라 중 가장 큰 규모로 작곡된 작품으로 대형 야외무대에서 공간의 제약을 받지 않고 볼 수 있어 무척 영광스럽고 기뻤다. 〈아이다〉는 베르디가 수에즈 운하의 개통을 축하하기 위해 이집트 국왕 이스마일 파샤의 의뢰를 받고 쓴 작품으로 1871년 밀라노 라 스칼라 극장에서 베르디의 지휘로 초연되었다. 베르디는 〈아이다〉에서 벨칸토 창법 중심의 초기 작품과는 달리 관현악을 강화하여 독일의 바그너 악극과 비견되는 이탈리아 가극이라는 역사성 있는 걸작을 작곡하였다. 또한 이집트의 개선장군 라다메스와 포로로 잡혀온 패전국의 에티오피아 공주 아이다 사이의 사랑을 그렸다는 점에서 베르디의 리소르지멘토(Risorgimento, 이탈리아 통일운동)적인 요소를 발견할 수 있다.

베르디의 오페라를 이야기할 때, 이탈리아 통일운동에서 중요한 역할을 한 그의 이야기는 빼놓을 수 없다. 베르디는 이탈리아 통일운동 3걸로 불리는 마치니(Mazzini), 카보우르(Cavour), 가리발디(Garibaldi)와 더불어 리소르지멘토의 영웅으로 칭송된다. 그를 리소르지멘토 운동의 영웅으로 만들어 준 오페라가 바로 〈나부코〉(Nabucco)이다.

나부코는 바빌론 왕 네부카드네자르 2세(Nebuchadnezzar)이다. 이 오페라는 성경에 나오는 히브리인들이 바빌론에 포로로 잡혀가면서 겪는 고통과 하나님을 향한 열정 그리고 애국심을 절절히 표현한다. 특히 제3막에 나오는 '히브리 노예들의 합창'(Va Pensiero)은 성경의 《시편》 137편과 《다니엘서》를 인용하여 이탈리아의 독립과 통일을 염원하는 베르디의 소망을 훌륭하게 표현하고 있다. 《시편》 137편은 바빌론 포로로 잡혀갔던 히브리 민족의 애환을 잘 묘사하고 있으며, 《다니엘서》는 이것에 대한 역사적 사실을 기술한 것이다.

날아라, 상념이여 … 금빛 날개를 타고 가거라
부드럽고 따뜻한 바람이 불고 향기에 찬
조국의 비탈과 언덕으로!
날아가 쉬어라!
요르단의 큰 강둑과
시온의 무너진 탑들에 참배를 하라
오, 사랑하는 빼앗긴 조국이여!
오, 절망에 찬 소중한 추억이여!

예언자의 황금 하프여,
그대는 왜 침묵을 지키고 있는가?
우리 가슴속의 기억에 다시 불을 붙이고
지나간 시절을 이야기해 다오!
솔로몬의 잔인한 운명처럼
쓰라린 비탄의 시를 노래 부르자
참을 힘을 주는 노래로
주님이 너에게 용기를 주시리라!

베르디, '히브리 노예들의 합창'

'히브리 노예들의 합창'은 당시 오스트리아 합스부르크 왕가의 지배하에 있던 이탈리아 국민들에게 감동을 주는 동시에 조국의 독립을 위한 염원을 강렬하게 표현하고 있다. 오랜 분열과 오스트리아의 압제에서 벗어나 통일 국가를 만들고자 했던 이탈리아 사람들에게 조국애를 일깨우고 강한 활력을 불어넣은 곡이다. 1842년 이 작품이 초연될 당시 이탈리아인들에게는 작품 속 줄거리가 자신들이 처한 상황을 암시하는 것으로 받아들여져 애국심을 강하게 자극했다. 이탈리아 통일운동 때에는 이탈리아 국가처럼 불렸고, 베르디의 장례식 때에도 불렸다. 일종의 이탈리아 '국민찬가'인 것이다.

지금도 이탈리아 사람들은 이 오페라를 대단히 좋아하는데, 1986년에 있었던 리카르도 무티의 라 스칼라(이탈리아 밀라노에 있는 오페라 극장) 음악감독 취임 공연에서는 '히브리 노예들의 합창'이 끝나자 열광적인 박수가 무려 30분 동안 쏟아져 라 스칼라의 수석 지휘자였던 아르투로 토스카니니가 공연 도중 앙코르를 금지한 이래 수십 년 동안 지켜왔던 라 스칼라의 '금기'를 깨고 사람들의 앙코르에 응할 수밖에 없었다고 한다.

원래 베르디는 〈나부코〉를 작곡하려 하지 않았는데 어느 날 라 스칼라의 지배인이었던 메렐리가 그의 손에 쥐어 준 〈나부코〉의 대본과 그 대본 사이에 끼어 있던 '히브리 노예들의 합창'의 가사를 본 순간, 곡을 쓰기로 결심하였다고 한다. 기원전 587년 바빌로니아 군의 예루살렘 침공으로 인해 노예로 전락하여 고통 받던 히브리인들의 모습이 그 당시 오스트리아의 압제하에 신음하던 이탈리아인들의 처지와 비슷하다는 것을 알고, 베르디는 잃어버린 고국을 되찾고 이탈리아 민족에게 희망을 불어 넣어 주기 위해 〈나부코〉를 작곡하겠다고 수락한 것이다.

이탈리아 사람들은 베르디를 예언자적 작곡자이자 '오페라의 마치니'로 환호하였다. 앞서 언급하였듯이 마치니는 이탈리아 통일운동의 3걸 중 한 사람으로, 조국을 위해 싸우는 용감한 전사로서 이탈리아의 영광을 되찾아야 한다는 생각을 가지고 있었다. 또한 조국을 지키고 외국의 압제자를 축출하기 위해서는 통일된 주권국 이탈리아가 필요하다고 생각했고, 이를 위해 정치적 행동주의뿐 아니라 통일된 이탈리아의 국민적 정체성을 회복시켜줄 문화와 정신이 필요하다고 생각했다. 고심 끝에 이를 실현시킬 수 있는 지도자는 음악가라고 생각했고 베르디야말로 그러한 지도자에 매우 적합한 인물이라고 생각한 것이다. 1901년 베르디가 위독하다는 소식에 접했을 때 마치니는 베르디가 묵고 있는 밀라노의 호텔 근처를 조용하게 하도록 지시했고, 국왕 비토리오 에마누엘레 2세는 베르디의 건강 상태를 계속해서 체크했다고 한다. 베르디의 장례식에는 20만의 인파가 '히브리 노예들의 합창'을 부르며 조문했다고 한다. 이탈리아 사람들은 비토리오 에마누엘레 2세 아래로 단결해야 한다는 소망을 담아 왕의 이름을 'VERDI'(Vittorio Emanuele Re D'Italia)로 불러 표현하기도 했다. 베르디에 대한 국민적 사랑이 얼마나 대단했는가를 보여주는 한 예이다.

지중해 해변,
친퀘테레의 아름다움에 넋을 잃다

베로나에서 멋진 밤을 보내고 우리는 이탈리아 알프스 아래의 롬바르디아 대평원과 토스카나의 산과 계곡을 넘고 넘어 지중해에 다다랐다. 베로나를 출발하여 페라리, 람보르기니와 같은 명품 스포츠카의 본산지이자 이탈리아의 테너 루치아노 파바로티의 고향인 모데나(Modena)가 있는 에밀리아-로마냐(Emilia-Romana) 주를 지나 북 토스카나 지역으로 들어가자, 높은 산과 계곡들이 나타났다. 아펜니노(Appennino) 산맥의 바위산들이 눈앞에 전개되었는데 작은 규모의 돌로미테와 같았다. 아직도 눈에 선한 돌로미테의 바위산들을 중부 이탈리아 토스카나에서 보니 즐거움이 더했다. 바위산들과 99개의 계곡을 넘어 명품 대리석의 산지이자 고대 로마도시인 피에트라산타도 멀리 보였는데, 아직도 대리석을 채취하는지 산이 하얗게 파여 망가져 있었다. 피에트라산타의 명품 대리석이 없었다면 르네상스의 미켈란젤로나 오늘날의 헨리무어의 조각 작품은 나오지 못했을 것이다. 현재도 피에트라산타에는 전 세계의 조각가들이 모여 르네상스의 걸작을 복사하거나 파괴되고 훼손된 조각 작품을 복제하여 문화재 복원에 힘쓰고 있다. 말하자면, 피에트라산타는 명품 대리석의 산지를 넘어 대리석으로 조각품을 만드는 '조각가들의 도시'가 된 것이다. 멀미가 날 정도로 꼬불꼬불한 아펜니노 산길을 돌고 돌아 마침내 친퀘테레(Cinque Terre)의 관문 도시 라스페치아(La Spezia)에 도착했다.

중부 토스카나 지역 지중해 해변 중에서 이탈리아 남부 소렌토를 능

피에트라산타

미켈란젤로의 조각 작품 '다비드'는 피에트라산타 대리석으로 만들었다고 하는데, 그가 직접 피에트라산타 광산에 가서 대리석을 채취했다고 한다.

가하는 아름다운 절벽해변 마을, 리오마지오레(Riomaggiore), 마나롤라(Manarola), 코니글리아(Corniglia), 베르나차(Vernazza), 몬테로소 알 마레(Monterosso al Mare)로 이루어진 친퀘테레를 보지 않고 이탈리아 지중해의 아름다움에 대해 논해서는 안 된다.

　다섯 마을이라는 뜻의 친퀘테레 해변마을로 가기 위해서는 배를 타거나 기차를 타야 하는데, 우리 일행은 기차를 타기로 하고 레스페치아 시에 있는 역으로 이동했다. 여행을 상당히 많이 다녔다고 자부하는 필자도 이번에 친퀘테레의 이름을 처음 들었는데, 김 교수 부부 덕분에 이 아름다운 곳을 구경할 수 있어 매우 설레고 기뻤다. 우리는 첫 번째 마을인 리오마지오레로 가는 기차를 기다리고 있었는데 아내와 똑같은 가방을 끌고 있는 한 여성이 말을 걸어왔다. 그녀는 갓 대학을 졸업하고 취업 전 그동안 모은 비상금으로 여행을 온 한국의 젊은이였다. 친퀘테레에 대해 아는 것이 많기에 여러 번 방문한 줄 알았는데 그녀 역시 우리와 마찬가지로 초행길이라는 말에 깜짝 놀랐다. 대화 끝에 우리는 친퀘테레에 대해 박식한 그녀에게 마나롤라로 가는 길을 인도해달라고 부탁했다. 우리 대한민국의 젊은 여성들의 화려한 부상에 대해서는 이미 알고 있었으나 아무 두려움 없이 타지를 여행하는 모습을 직접 눈으로 확인하니 한편으로 대견했으나 다른 한편으로는 걱정도 되었다.

친퀘테레 전경 ⓒ 임혁백

　라스페치아역에서 가장 가까운 리오마지오레와 그 다음 마을인 마나롤라는 바다에 접한 절벽 위에 파스텔 톤의 집들이 다닥다닥 붙어 있어, 숨 막히도록 아름다운 자태를 뽐내고 있었다. 리오마지오레와 마나롤라는 사랑의 샛길(Via dell'Amore)이라는 해안절벽 길로 연결되어 있었다. 코니글리아 마을은 바위 테라스의 정상에 둥지를 트고 있었는데, 세월의 흐름과 단절된 요새와도 같았다. 베르나차 마을은 이방인들이 접촉하는 '세속적인' 마을이었다. 우리는 베르나차에서 갈라져 김 교수 부부는 몬테로소 알 마레를 얼마간 걸으며 바다와 마을을 감상하였고 우리 부부는 베르나차의 정상에서 커피를 마시며 숨 가쁘게 달려온 여행 가운데 꿀맛 같은 휴식을 취했다.

　멀리 지중해로부터 불어오는 바람이 시원하였다. 필자는 땀을 식히며 영국의 낭만파 시인 퍼시 셸리(Percy Shelly)의 〈서풍에 부치는 노

래〉〈*Ode to the West Wind*〉3장에서 지중해로부터 불어오는 시원하면서
부드러운 서풍을 노래한 부분을 떠올렸다.

> 여름의 꿈에서 깨어나게 한 푸른 지중해의 서풍이여
> 바이아 만(Baiae's Bay)에 있는 부석(浮石) 섬 옆에서
> 수정 같은 물결의 소용돌이에 마음이 가라앉고 잠이 들어버린다
> 그리고 더욱 강렬해진 파도 위에서 떨고 있는 옛 궁전들과 탑들을
> 꿈속에서 보았다.
>
> 크게 자라난 파란 하늘색의 이끼와 꽃들이
> 너무나 달콤해서 그들의 모습을 생각만 해도
> 나의 오감은 이미 기절 상태다
> 대서양 세력들이 가는 길을 따라가려 하는 자들이여
> 그들은 육지에서 사람들의 틈을 갈라놓았다.
> 한편, 깊은 바다 밑에서는 해화(海花)들과
> 수액이 없는 해초(海草)들이 그대의 목소리를 알고는
> 갑자기 겁에 질려, 공포로 얼굴이 흙색이 된 채
> 떨면서 자신의 이파리를 떨어뜨린다
> 오, 들어보라! 서풍이여
>
> 퍼시 셸리, 〈서풍에 부치는 노래〉

셸리는 이탈리아 남부 캄파니아 주에 있는 바이아 해변을 보며 지중
해의 바다와 바람, 그리고 낭만을 이야기했다. 캄파니아 지역은 바이
아 외에도 소렌토, 카프리 섬과 같은 아름다운 해변과 섬이 많다. 바이

친퀘테레의 아름다운 풍경
© Idéfix

아 해변에는 약효가 좋은 온천이 있어 로마 지배자 카이사르와 네로가 빌라를 지어놓고 자주 와서 치료 겸 휴식을 취했다고 한다.

친퀘테레는 바이아에 비해 전혀 손색이 없는 서풍이 부는 중부 지중해의 명승지이다. 그곳에는 쪽빛 지중해 바다가 있고, 서풍이 불고, 핑크빛 유도화와 배롱꽃이 피고, 해변의 기괴한 부석과 은빛 모래, 바다 속의 이끼 낀 바위와 해초가 있어 여행객들을 유혹한다.

우리 부부는 셸리가 찬양했던 서풍이 부는 이탈리아 지중해의 일부인 친퀘테레의 베르나차 언덕에서 천천히 내려와 해변에서 휴식을 취했다. 길에는 계단이 많았지만 곳곳에 레스토랑과 기념품 가게가 있고 해변에서 많은 이들이 물놀이를 하고 있어 이곳저곳 둘러보며 지루하지 않게 내려올 수 있었다. 골목에 아름다운 교회도 보이니 땅 끝까지 주님의 뜻을 전하는 교회가 있었구나 하는 생각이 들었다.

우리의 여정에서 친퀘테레와의 만남이 주는 의의는 우리가 처음으로 바다를, 그것도 지중해의 쪽빛 바다를 보았다는 것이다. 그런데 어찌 지중해의 역사성에 대해 한마디도 하지 않을 수 있으랴. 유럽 문명은 원래 지중해 문명이었다. 지중해에 위치한 그리스 반도의 도시국가들이 앞장섰고 로마반도의 지중해 도시국가인 로마가 뒤이어 지중해 시대를 열었다. 로마가 쇠퇴하자 지중해 문명의 중심은 동로마제국의 수도인 이스탄불(콘스탄티노플)로 이동하였고, 베네치아 공화국이 주도한 제4차 십자군 원정(1202~1204)에서 콘스탄티노플이 약탈되고 1453년 오스만제국이 콘스탄티노플을 함락하고 비잔티움 제국을 정복함으로써 지중해 시대는 끝이 난 듯했다. 그러나 합스부르크 왕가 출신 스페인 왕 카를 5세와 그의 아들 펠리페 2세는 지중해 시대를 부활시키려는 꿈을 실현하려 하였다. 그들은 스페인 이베리아 반도, 네덜란드와 플랑드르 저지대 국가들, 남부 독일의 바이에른과 작센주, 합스부르크의 오스트로 헝가리와 보헤미아, 그리고 이탈리아 남부로 이어지는 거대한 신 로마제국을 구축하려 하였고, 이를 위해 새로이 개척한 신세계의 식민지인 멕시코와 남아메리카로부터 들여온 금과 은으로 무적함대(armada)를 구축하였다. 펠리페 2세는 1571년 그리스 반도 코린토스 앞바다 레판토에서 베네치아 공화국, 로마 교황 피우스 5세(Pius V), 제노바와 신성동맹(holy alliance)을 맺어 그의 이복동생인 돈 후안 데 아우스트리아(Don Juan de Austria)이 지휘하는 연합함대를 구축하여 당시 최강자인 오스만제국을 물리쳤다. 이 해전이 세계 4대 해전으로 꼽히는 레판토 해전(Battle of Lepanto)으로 펠리페 2세

세계 4대 해전은 여러 가지 버전이 있으나, 아테네 주도하에 그리스 도시국가들이 페르시아제국의 서진을 저지한 기원전 480년 살라미스 해전, 1571년 레판토 해전, 1588년 엘리자베스 1세의 영국 함대가 펠리페 2세의 무적함대를 격파한 칼레 해전, 1805년 트라팔가르 곶의 앞바다에서 영국 넬슨의 함대가 나폴레옹의 함대를 무찌른 트라팔가르 해전이 대표적이다. 미국 해군사관학교는 충무공 이순신 장군의 명량 대첩을 4대 해전에 포함시키고 있다.

는 이 해전을 주도함으로써 오리엔트 문명을 대표하는 오스만제국의 유럽으로의 서진을 저지하였고, 제국의 부활이라는 그의 꿈에 한 발 더 가까이 다가간 것처럼 보였다.

그러나 펠리페 2세가 실현하려던 제국의 꿈은 영국의 엘리자베스 1세와의 칼레 해전으로 인해 산산이 조각났다. 스페인의 펠리페 2세는 스코틀랜드 여왕 메리 1세와 함께 영국의 공동 국왕으로 군림하고 있었는데, 메리 1세가 1558년에 사망하자 그의 이복동생이자 프로테스탄트(신교도)인 엘리자베스 1세가 즉위하였다. 그녀는 1587년 스코틀랜드 여왕 메리 스튜어트를 단두대에서 오르게 하였고 스페인에 대한 네덜란드의 저항운동을 지원하였다. 펠리페 2세는 영국의 엘리자베스 1세와 네덜란드의 독립운동을 응징하기 위해 영국과 네덜란드로 무적함대를 발진시켰으나, 칼레 해협과 아일랜드 북쪽 바다에서 엘리자베스 1세가 발탁한 해적 선장 출신 프랜시스 드레이크 제독에 의해 무참하게 깨지고, 더불어 펠리페 2세의 꿈도 무너지고 말았다. 시인 셸리가 한탄한 바와 같이 '지중해 시대'는 종말을 맞이했고 역사의 중심은 영국과 대서양 국가들이 주도하는 '대서양 시대'로 넘어갔다.

피사의 사탑: 역사가 삐뚤어진 것인가?
역사를 삐뚤게 보고 있는 것인가?

친퀘테레에서 지중해의 바다를 감상한 뒤 우리는 이탈리아와 근대 유럽 문명의 진원지인 토스카나 지역의 르네상스 도시들인 피사, 피렌체, 시에나를 차례로 순례하기로 했다. 먼저 지중해 해안을 따라 내려가면서 사탑의 도시 피사를 찾아갔다.

친퀘테레의 아름다움에 반해 예정보다 많은 시간을 보내고 라스페치아에서 늦게 출발해 저녁 어스름 무렵에 피사(Pisa)에 도착하였다. 도착하자마자 기울어진 사탑을 찾았으나 쉽게 눈에 띄지 않았다. 피사는 생각했던 것보다 큰 규모의 도시였다. 중세에는 서지중해에서 스페인과 북아프리카와의 교역의 중심지인 피렌체, 제노바와 경쟁하는 대도시였던 피사는 제노바와의 전쟁에서 패하며 점점 쇠퇴하기 시작하여 1406년 피렌체에 넘어갔다.

피사의 사탑은 본래 피사 성당 단지(Campo dei Miracoli, 기적의 광장)에 부속된 종탑으로, 건축가 보나노 피사노가 설계해 1173년부터 짓기 시작했는데, 1274년 3층을 지을 무렵부터 기울어짐이 시작되었다고 한다. 종탑이 기울어지고 있음에도 불구하고 공사는 계속 진행되어 1350년에 완성되었다. 중력의 법칙에 반하는 피사의 사탑은 많은 구경꾼들을 모았고 이탈리아의 과학자 갈릴레오 갈릴레이는 낙하물질의 속도를 이 종탑에서 실험했다고 한다. 현대의 첨단 엔지니어링 기술에 힘입어 탑이 더 기울어지지 않도록 기초를 보강한 결과 피사의 사탑은 기울어지는 현상을 멈추었고 다시 대중에게 공개되었다. 우리가 피사의 사탑에 도착했을 때 이미 많은 사람들이 탑에 오르고 있어 사탑이 안정적인 상태임을 직접 확인할 수 있었다.

피사를 관광하는 동안 사탑은 많은 주목을 받는 반면 두오모 광장의 대성당과 세례당은 그렇지 못한 듯해 안타까웠다. 두오모 광장의 대성당은 정교한 4층의 전면을 가진 피사식 로마네스크 양식의 건물로, 뒤편에는 교황이나 대주교의 모자를 엎어놓은 모양을 한 로마네스크 양식의 원통형 세례당이 있다. 대부분의 관광객들은 사탑에는 집중하는 반면 세례당은 아예 발견하지조차 못하고 그냥 지나친다. 그러나 나는 그 세례당의 아름다움과 돔의 균형미와 세련됨에 매료되었다.

종탑은 파사 성당 단지를 이루는 한 건물일 뿐이고 두오모 광장의 대성당이 핵심 건물이었다. 그러나 종탑이 기울어지기 시작하면서 사탑으로 명명되어 세상의 주목을 받게 된 것이다. 현대인들은 정상적인 것보다 비정상적인 것에 더욱 주목한다. 개가 사람을 물면 이슈가 되지 않고 사람이 개를 무는 비정상적인 일이 일어나면 이슈가 되는 것처럼 말이다. 사람들은 정상적인 역사보다는 비뚤어진 역사에 관심을 갖는다. 그런데 문제는 비뚤어진 역사에 관심을 기울이다 보면 역사를 비딱하게 보게 된다는 것이다. 우리는 갈수록 정론보다는 사론을 이야기하고, 정설보다는 이설을 이야기한다. 결국 사론과 이설을 이야기하는 것이 정상처럼 되어 버렸다. 비뚤어진 사시로 역사를 보면 정론을 이야기하는 지극히 정상적인 사람을 광인으로 몰아가게 된다. 피사의 사탑을 보고 나서 피렌체로 가는 길에 떠오른 상념이다. 역사는 춘추필법으로 정론(正論)을 서술해야 한다는 것이 공자가 《서경》을 편찬할 때나 사마천이 《사기》를 쓸 때 '역사쓰기'의 자세였다. 역사는 바

피사의 사탑 ⓒ 임혁백

피사의 세례당과 두오모 ⓒ Leandro Neumann Ciuffo

로 써야할 뿐 아니라 편견과 사악한 사론으로 쓰인 역사는 바로잡아야
한다.

'꽃의 도시' 피렌체에서의
단테와 베아트리체의 사랑

르네상스를 주도했던 이 세 도시(피렌체, 피사, 시에나) 중 진원지는 피
렌체라는 데 의문을 제기할 사람은 없을 것이다. 우리는 피렌체를 관
통하는 아르노(Arno) 강 서쪽에 있는 공영주차장에 차를 세우고 걸어
서 베키오 다리(Ponte Vecchio)를 건너 두오모(대성당), 베키오 궁전,
우피치 미술관이 있는 시뇨리아 광장으로 향했다. 당시 피렌체의 르네
상스 운동을 후원했던 코시모 메디치가 암살의 위험을 피하기 위해 베
키오 다리 2층에 통로를 만들어 베키오 궁전의 집무실까지 회랑으로
연결해 놓았다고 하는데, 덕분에 우리는 7월의 뜨거운 햇빛을 피해 긴
회랑으로 연결된 길을 걸어 우피치 미술관을 지나 베키오 궁전, 그리
고 시뇨리아 광장까지 시원하게 걸을 수 있었다.

베키오 다리는 피렌체와 이탈리아, 그리고 세계의 연인들이 꼭 한
번 가보고 싶어 하는 다리이다. 왜냐하면 불후의 《신곡》(*La Divina
Commedia*)을 남긴 단테(Dante Alighieri, 1265~1321)가 베아트리체
(Beatrice)를 만나 사랑을 나누었던 곳이고, 푸치니가 작곡한 아름다
운 오페라 〈지안니 스키키〉에 나오는 아리아 '오, 다정한 아버님'(*O
mio babbino caro*)의 배경이기 때문이다. 베키오 다리는 우리가 흔히

피렌체의 베키오 다리 ⓒ Richardfabi

볼 수 있는 다리의 풍경과는 달리 다리 위에 각종 보석과 장신구, 기념품을 파는 상점들이 첼리니(Benvenuto Cellini) 동상을 중심으로 늘어서 있다. 그리고 다리 입구에는 단테 《신곡》 중 〈천국〉(Paradiso)의 한 구절이 새겨져 있는데 1215년 결투에서 사망한 본델몬테(Bondelmonte)를 추모하기 위해 새겨진 것이라 한다.

우리나라에도 베키오 다리와 비슷한 사연을 지닌 '월정교'라는 다리가 있는데, 신라 공주인 요석공주와 원효대사가 서로 사랑을 나눈 곳이다. 월정교도 다리 위에 지붕이 있고 양 옆으로는 가게들이 있었다고 한다. 현재 경주 반월성에 복원되어 있고, 정부와 경주시는 그곳에서 뮤지컬이나 오페라를 공연하여 신라 천 년의 고도(古都)인 경주를 이야깃거리가 있는 문화도시로 발전시키고자 계획 중에 있다고 한다.

단테가 베아트리체를 처음 만났을 때 그의 나이는 불과 9세였다. 어린 나이에도 불구하고 단테는 베아트리체를 처음 본 순간 그녀에게 반했다고 한다. 그러나 그는 부모의 강요에 못 이겨 유력가문의 딸인 엠마 도나티(Emma Donati)와 결혼한다. 결혼 후에도 단테는 베아트리체와 밀회하였고 베아트리체에게 바치는 소네트를 썼다. 그러나 그의

단테와 베아트리체

단테가 베아트리체를 처음 본 곳은 베키오 다리가 아니라 산타 트리니타 다리(Ponte Santa Trinita) 였다는 주장이 1884년 영국의 헨리 홀리데이가 그린 '단테와 베아트리체'라는 그림을 본 사람들로부터 제기되고 있다. 이 그림에는 베키오 다리가 보이는 산타 트리니타 다리 끝에서 단테가 옆길을 걸어가는 베아트리체와 그녀의 친구, 그리고 시녀를 황홀하게 바라보고 있고, 베아트리체는 눈길도 주지 않고 지나가는 광경이 묘사되어 있다. 이러한 상당히 확실한 증거가 있음에도 불구하고 나는 베키오 다리에서 단테와 베아트리체가 사랑을 나눴다는 이야기를 부정하고 싶지 않다. 그것은 그렇게 믿었던 세계의 수많은 연인들을 실망시킬 것이기 때문이다.

부인 엠마의 이름은 그의 수많은 시에 한 번도 언급되지 않는다. 말하자면, 단테는 어린 시절부터 사랑한 베아트리체가 있었음에도 불구하고 부모의 강요로 사랑하지 않는 엠마와 결혼해야 했고, 가톨릭 국가인 이탈리아에서는 이혼을 할 수 없었기에 소네트를 통해서라도 베아트리체에 대한 사랑을 표현한 것이다.

단테가 베아트리체에게 헌정한 소네트 중 〈신생〉(*La Vita Nuova*)은 세계에서 가장 아름다운 로맨스 시이다.

내가 표현한 바와 같이, 그렇게 우아한 그녀가 내 앞에 나타난 지 정확히 9년이 흘렀을 때, 보석 같은 그녀를 그동안 볼 수 없었던 기간의 마지막 날에 나의 앞에 다시 나타났다. 그녀는 순백색의 옷을 입고 비싸고 귀한 장신구를 하고 그녀보다 나이 들어 보이는 두 여인 사이에서 걷고 있었다. 그들이 길을 걸어 내려오는 중에 그녀는 다리에 서 있는 나에게 눈길을 돌렸다. 나는 두렵고 떨리는 마음에 얼어붙은 채로 서 있었는데 그녀는 형언할 수 없을 정도로 공손하게 예의를 갖추어 나에게 인사하였다.

나는 그녀의 예의바른 인사에 힘입어 영원한 생명의 보상을 받았다. 내가 경험한 바와 같이, 사람에게 인사하는 데 있어서 빛나는 그녀의 덕성이 천국으로 가는 최고의 복을 준 것이다. 그녀는 정확하게 아침 9시에 나에게 달콤한 인사를 보내주었다. 비록 이것이 그녀가 처음이자 마지막으로 내게 직접 인사해준 사건이지만 나는 기쁨에 충만하였고 나의 오감은 동요하여 다른 사람들의 눈길을 피해 그곳을 떠나야 했다. 그래서 나는 다시 내 방에서의 고독한 생활로 돌아갔고, 그 우아한 여인을 생각하기 시작했다.

단테, 〈신생〉

베아트리체를 향한 단테의 사랑은 그의 시, 삶, 그리고 정치적 열정의 원천이었다. 단테의 많은 시에서 베아트리체는 반신적인 존재로 묘사되어 있다. 그녀는 단테를 계속 바라보면서 그에게 영적인 지시를 하고 때로는 가혹하게 질책한다. 단테의 《신곡》 3부작(지옥, 연옥, 천국)에서 〈지옥〉(Inferno)과 〈연옥〉(Purgatorio)에서는 베르길리우스가 단테를 인도하고, 〈천국〉에서는 베아트리체가 단테를 인도한다. 단테는 《신곡》에서 베르길리우스와 비교해 베아트리체를 더 아름답게, 그러나 멋지게 그렸다. 그리고 교사와 같은 이미지로 그렸다. 단테는 베아트리체가 천국으로 가는 계단을 오를 때마다 그녀에게 눈을 떼지 못했는데, 이는 그녀의 완벽한 비전이 어떻게 신의 은총을 이끌게 되었는가를 보여주기 위한 것이다. 베아트리체는 단테의 인도자로서 권위를 이용하여 그가 학생임을 일깨워 준 뒤, 박식함을 뽐내지 말라고 이른다. 베르길리우스로부터는 받지 못했던 까칠한 대접을 베아트리체로부터 받은 것이다.

그러나 《신곡》에서 베아트리체는 미소 짓는 여인이다. 단테는 베아트리체의 미소가 전 인류에 대한 하나님의 태도를 사로잡았다고 결론짓는다. 베아트리체의 미소에는 전염성이 있다. 그 미소가 단테를 미소 짓게 하고, 전 우주를 미소 짓게 한다. 우리는 구원을 받았노라고.

　　그러나 베아트리체는 단테보다 30년이나 일찍(1290) 세상을 떠났고 이로 인해 단테는 라틴문학으로 도피한다. 그리고 라벤나(Ravenna) 시가 1318년 단테에게 망명지를 제공하겠다고 제의를 하자 이를 수락하고 라벤나로 이주해 1321년 한 많은 생을 마감한다. 우피치 미술관에 있는 단테의 벽화에 카스타뇨(Andrea del Castagno, 1450)는 "당신은 당신이 가장 사랑하던 모든 것을 두고 떠났습니다. 이것은 망명의 활이 처음으로 쏜 화살이군요. 당신은 다른 사람들의 빵이 얼마나 쓰고, 얼마나 짜며, 다른 사람의 계단을 오르내리는 것이 얼마나 힘든가를 알아야 했습니다."[7] 카스타뇨는 단테가 피렌체를 떠난 데 대한 서운함과 그에 대한 그리움의 이중적 감정을 표현하였다. 베키오 궁전 근처에 있는 단테의 생가에는 돌로 만든 단테의 《신곡》과 그의 흉상이 전시되어 있다. 그리고 산타 크로체 성당에는 그의 전신 동상과 그의 관이 안치되어 있다.

르네상스의 천재들과
수도사 사보나롤라의 이야기

베키오 다리를 건너 아르노 강 언덕을 걸어 내려오면 거대한 디귿 모양의 우피치 미술관이 보이고 그 앞 광장에 늘어서 있는 피렌체의 영웅들을 만나게 된다. 우피치 미술관과 붙어 있는 르네상스식 궁전이 베키오 궁전이고 그 앞으로 시뇨리아 광장이 전개된다. 미켈란젤로의 〈다비드〉, 첼리니의 〈메두사의 머리를 든 페르세우스〉, 넵투누스 분수 등이 즐비한 피렌체 시청광장이라 할 수 있다. 거기서 골목길을 돌면 두오모가 보인다. 브루넬레스키가 건축한(1463) 세계에서 제일 큰 돔을 가진 산타 마리아 델 피오레 대성당(두오모)은 르네상스 피렌체의 걸작으로 옆에는 55.8미터의 종탑이 우뚝 솟아 있으며, 미켈란젤로가 '천국의 문'으로 명명한, 기베르티가[8] 조각한 산 조반니 세례당이 거대한 단지를 이루고 있다. 피렌체 두오모를 구성하는 세 건축물은 모두 대리석으로 겉면을 입혀 건물 전체가 찬란하게 빛나는 거대한 보석과 같다. 브루넬레스키는 〈이삭의 희생〉, 〈천국의 문〉 조각 공모 경쟁에서 기베르티로 인해 고배를 마신 뒤 로마로 가서 판테온의 건축기법에서 영감을 얻어 산타 마리아 델 피오레 대성당의 돔을 건축하게 된 것이다.

세계최대의 돔이자 두오모의 천장인 이 거대한 건축물은 버팀목 없이 내벽과 외벽의 겹으로 돔의 무게를 줄이고 분산시킨다. 브루넬레스키는 이제 좌상 동상이 되어 두오모 남쪽에 앉아 피렌체의 건축 르네상스의 걸작 두오모를 보기 위해 모인 사람들을 굽어보고 있다.

이제 피렌체에서 어떻게 르네상스가 꽃을 피웠는지에 관해 이야기

피렌체 시뇨리아 광장과 넵투누스 분수 ⓒ 임혁백

해야겠다. 르네상스(*Renaissance*)는 다시 태어난다는 뜻이다. 어두운 중세를 마감하고 화려했던 그리스 로마 시대를 재현한다는 뜻이 담겨 있다. 먼저 르네상스의 인프라를 제공한 것은 제4차 십자군 원정을 주도했던 베네치아 군이 이스탄불을 함락하고 비잔티움 제국이 보유하고 있던 보물과 서적들을 약탈하였는데, 그때 가져온 그리스 로마 시대의 서적과 문헌들에서 게르만 족을 비롯한 반달 족, 훈족 등 야만족의 로마 침공으로 파괴되고 단절되었던 그리스 로마 문화에 다시 접속할 수 있게 된 것이었다. 그리고 당시 금융업으로 가장 부유한 도시국가였던 피렌체의 지배자 로렌초 데 메디치(Lorenzo di Piero de' Medici)가 르네상스의 천재들, 미켈란젤로, 다빈치, 보티첼리, 라파엘로 등에게 재정적 후원을 하여 그리스 로마 문화를 재창조할 수 있도록 지원한 것이다. 르네상스 운동에 기운을 불어넣어 준 것은 역설적으로 흑사병의 창궐이다. 흑사병이 전 유럽을 휩쓸면서 유럽 인구는 1/4이나 감소했

피렌체의 아름다운 두오모 ⓒ 임혁백

산타 마리아 델 피오레 대성당 ⓒ 임혁백

고 이로 인해 중세는 물질적 기반을 상실해 유럽 사람들은 무언가 새로운 생활양식, 생산양식, 문화와 종교를 갈망하게 되었다.

르네상스의 신호는 보티첼리가 터뜨렸다. 보티첼리는 인간을 신의 영역에서 인간의 영역으로 복원시켰다. 그 이전까지 회화는 성화였다. 어두운 곳에 구원을 바라는 수도자의 모습, 성모 마리아가 아기 예수를 안고 있는데 하늘에서 한 길의 빛이 내려오는 모습 등의 신의 영역에 갇힌 인간의 모습을 보여주었다. 그런데 보티첼리가 〈비너스의 탄생〉, 〈프리마베라〉 등을 발표하자 세상 사람들은 깜짝 놀랐다. 비너스는 기독교의 신이 아니라 그리스, 로마의 인간 신이였고, 〈프리마베라〉에 그려진 손을 잡고 춤을 추고 있는 여인들은 종교적 행사를 하고 있는 것이 아니라 그들만의 즐거운 축제를 하고 있는 것이다. 인간은 완벽히 복원되었고, 르네상스의 천재들은 신의 시대인 중세의 유럽을 그리스 로마의 고전적 후마니타스(*humanitas*) 시대의 유럽으로 재탄생(르네상스) 시켰다.

이후 르네상스의 천재 미켈란젤로, 다빈치, 라파엘은 보티첼리가 시작한 르네상스 운동을 완벽하게 완성하였다. 물론 벨리니, 도나텔로, 브루넬레스키, 지오토 등의 그림, 조각, 건축물이 있으나 르네상스는 위의 세 천재에 의해 충분히 완성되었다.

그런데 르네상스 운동이 모든 사람들에게 환영받은 것은 아니었다. 피렌체의 수도승 사보나롤라(Girolamo Savonarola, 1452~1498)는 근본주의적 기독교도의 입장에서 르네상스 운동을 저지하려 한 대표적인 인물이다.

페라라 출신 도미니크 수도회 수도사(*friar*)인 사보나롤라는 산 마르코 수도원(Convento di San Marco)에서 사역하고 있었는데, 르네상스의 중심지인 피렌체에서 기독교의 개혁과 거듭나기 운동을 주도하였다. 웅변과 수사에 능한 사보나롤라는 초기 기독교 정신으로 돌아갈 것과 이교도인 그리스 로마 신을 섬기지 말 것을 언급하며 피렌체 시민들을 선동하였다. 또한 보티첼리와 같은 르네상스의 선구자들의 작품을 불태울 것을 선동하여 시뇨리아 광장에서 그들의 그림과 조각품들을 태웠다. 그는 승려들의 부패와 교회 지도자의 폭정과 독재 그리고 빈민에 대한 착취를 비난하고, 노아의 대홍수로 바빌론으로부터 이스라엘 사람들을 해방시켜준 키루스 2세(Cyrus, 고레스 대왕)가 다시 북쪽에서 내려와 교회를 개혁할 것이라고 예언하였다. 사보나롤라의 예언처럼 1494년 프랑스의 샤를 8세는 키루스 2세가 재탄생한 것처럼 피렌체를 정복하였는데, 사보나롤라는 샤를 8세를 환영하며 맞이하였고 피렌체 사람들은 그들을 지배하고 있던 메디치 가문을 축출했다. 이후 사보나롤라는 피렌체의 권력을 장악하고 피렌체를 공화국으로 바꾸어 새로운 세계, 즉 기독교의 중심인 '새로운 예루살렘'(New Jerusalem)으로 만들려 하였다.

나는 이 도시에 좋은 소식을 전합니다. 그것은 피렌체가 그 어느 때보다 더 영광스럽고, 부유하며, 강력한 도시가 될 것이라는 소식입니다. 첫째, 피렌체는 사람들뿐 아니라 하나님께서 보기에도 영광스런 도시가 될 것입니다. 피렌체는 전 이탈리아의 종교개혁의 중심이 될 것이며 이 개혁은 전 세계로 퍼질 것입니다. 왜냐하면 피렌체는 이탈리아의 배꼽이자 중심이기 때문입니다. … 둘째, 피렌체 사람들은 엄청나게 부유해

질 것이며 하나님은 이 부(富)를 백배 천배 더해서 피렌체 사람들에게 돌려줄 것입니다. 셋째, 피렌체 사람들이여, 당신들은 당신들의 제국을 확장하십시오. 그리고 당신들은 제국이 퍼져나가게 하여 세속적 권력뿐 아니라 영적인 권력을 가지십시오.

사보나롤라의 연설 중에서

사보나롤라가 지배하는 피렌체 공화국은 교황 알렉산데르 6세와 충돌하였다. 사보나롤라와 피렌체 공화국은 1495년 교황이 프랑스에 대항하는 신성동맹을 제의했을 때 이를 거부하였고, 교황은 격분하여 사보나롤라를 로마로 소환하였으나 사보나롤라는 이를 거부하고 부패한 교황을 비판하였다. 교황은 즉각 사보나롤라를 파문하고 피렌체에서의 성직을 박탈하였다. 사보나롤라와 교황의 대립이 격화되자 사보나롤라의 라이벌인 한 수도승이 불 속을 걸어도 타지 않는지 시험을 통해 신의 위임을 받았다는 사보나롤라의 말이 진실인지 거짓인지 판별하자고 제의하였다. 그러나 사보나롤라는 이 시험에 통과하지 못했고 전신 화상만 입었다. 그때부터 사보나롤라를 바라보는 피렌체의 민중들의 눈빛이 싸늘해졌다. 그들은 사보나롤라를 의심하고, 비난하고 저주하기 시작했고 1498년 5월 23일 사보나롤라는 자신의 비전과 예언을 하나님의 이름으로 조작했다는 죄명으로 시뇨리아 광장에서 교수형 당한 뒤 화형에 처했다.

피렌체의 외교관이자 전략가인 마키아벨리는 《군주론》에서 사보나롤라의 등장과 실패에 대해 '그는 무장하지 않은 예언자'였기에 실패하였다고 분석하였다. "만약 모세, 키루스 2세, 테세우스, 로물루스가 무장하지 않았다면 그들은 자신들이 세운 헌법을 장기간 강제적으로 시행(enforce) 할 수 없었을 것이다. 우리 시대의 사보나롤라에게 바로 그런 일이 일어났다. 민중들은 사보나롤라를 불신하게 되었고 점점 그의 명령을 따르지 않게 되었다. 결국 사보나롤라는 파멸의 길을 걷게 되었다. 그에게는 민중을 사로잡을 수단이 없었다. "

동시대 사상가인 마키아벨리의 이러한 비판적인 시각에도 불구하고, 사보나롤라 사건은 양면성을 띠고 있다. 긍정적인 면은 교회 기득권을 공격했던 사보나롤라는 파문당하고 화형에 처해 사라졌지만 그후 루터와 칼뱅과 같은 종교 개혁가들에게 종교개혁이 가능하다는 것을 보여주었다는 점이고, 부정적인 면은 근본주의적이고 민중주의적인 신앙부흥운동은 문명의 파괴를 가져올 수 있다는 점이다. 사보나롤라가 르네상스 예술가들의 위대한 작품들을 소각하지 않았다면 오늘날 우리는 보티첼리, 미켈란젤로의 더 많은 작품들을 볼 수 있었을 테니 말이다.

사보나롤라가 공부하고 묵상하던 산 마르코 수도원은 피렌체의 산마르코 광장에 있다. 수도원은 화려한 장식이나 조각이 거의 없는 정숙하고 질박한 건물과 내정으로 구성되어 있었다. 복도에는 프라 안젤리코(Fra Angelico) 의 〈그리스도에 대한 조롱〉(Mocking of Christ) , 〈그리스도를 십자가에서 내림〉(Descent from the Cross) , 〈아기 예수와 성모 마리아〉(Madonna and Saints) 등의 벽화가 남아 있었고 사보나롤라가 머문 방은 12-14호실(12-14 Cells) 에 있었는데 그곳에는 몇 권의 책과 책상, 그리고 작은 침대만이 있었다. 방안에는 아무런 장식도 없어 그야말로 질박하고 검소한 그의 청교도적 생활방식을 잘 보여준다.

산타 크로체 성당과 마키아벨리

바쁜 일정에도 불구하고 산타 크로체 성당(Santa Croce)을 찾은 이유는 정치학도들의 우상인 마키아벨리의 무덤이 있기 때문이었다. 르네상스 말기 이탈리아의 사상가이자 피렌체의 외교관인 마키아벨리와의 첫 번째 해후는 우피치 미술관 내정에 있는 피렌체의 영웅들의 동상가에서였다. 마키아벨리의 동상은 그의 낮은 신분 때문인지 동상가 거의 끝자락에 위치하고 있었으나, 나는 그 동상만큼 마키아벨리의 당시 모습을 재현한 걸작은 없다고 생각했다. 실눈을 뜨고 옆을 훔쳐보는 듯한 자세를 취하고 있는 마키아벨리의 동상은 두뇌 회전이 매우 빠른 간교한 전략가, 모사가로 묘사되어 있었다.

산타 크로체 성당의 돔 또한 브루넬레스키가 건축한 걸작으로 피렌체의 영웅들의 관이 안치되어 있는 피렌체의 성소이자 이탈리아의 성소이다. 이곳에는 피렌체를 빛낸 단테, 지오토와 그의 제자 타데오 가디, 브루니, 도나텔로, 다빈치, 미켈란젤로, 갈릴레오 그리고 마키아벨리의 관이 안치되어 있다. 마키아벨리의 관은 우피치 미술관 내정에 있는 피렌체 영웅들의 대리석 조각상과 마찬가지로 말석에 위치하고 있다.

그런데 놀라운 것은 1940년대 중반 시카고대학교의 미식축구장 지하에서 역사상 최초의 핵융합반응 실험을 성공시킨 '맨해튼 프로젝트'의 팀장 엔리코 페르미(Enrico Fermi)가 이 성당에 묻혀있다는 사실이었다. 페르미의 핵융합반응 실험을 통해 미국은 원자탄을 만들었고 제2차 세계대전을 종전시킬 수 있었다. 핵융합반응을 실험했던 시카고

우피치 미술관 마키아벨리 동상 ⓒ 임혁백

대학교 미식축구장은 '조지프 레겐스타인 중앙도서관'으로 바뀌었고 도서관 잔디에는 핵융합반응 실험을 기념하여 원자탄이 폭발해 거대한 구름이 우산처럼 피어나는 모양을 청동으로 만든 핵융합폭발기념상이 세워져 있다. 그리고 그 밑에는 이 핵융합폭발기념상이 국가역사기념 지(National Historical Site) 조형물이라고 명기되어 있다. 길 건너에는 페르미의 이름을 딴 페르미 연구소가 있으며, 스위스 제네바에 초대형 가속기가 설치되기 전까지 세계에서 제일 큰 초대형가속기를 보유하고 있던, 시카고 교외 바타비아의 국립가속기연구소에도 그의 이름이 붙었다.[9] 페르미 국립가속기연구소는 직경 6.3킬로미터의 대형 가속기 테바트론(tevatron)을 보유하고 있었지만 유럽연합이 27킬로미터의 유럽 합동원자핵연구기구를 건설하면서 세계 2위로 내려앉았다. 페르미

마키아벨리의 관이 안치되어 있는 산타 크로체 성당 ⓒ 임혁백

와 그의 핵융합반응 실험에 동참한 동료들은 대부분 노벨 물리학상과 화학상을 수상하였다. 이처럼 페르미는 과학 분야에서의 세기적인 업적으로 비록 로마 출신이지만 피렌체의 성스러운 산타 크로체 성당에 안치되는 영광을 얻었다.

이제 마키아벨리와 르네상스 이탈리아의 춘추전국시대에 관해 이야기하자. 이탈리아의 '긴 16세기'(이매뉴얼 월러스틴, 1450~1640)의 초입에 이탈리아 반도는 교황령(Papal States), 공국들(밀라노, 사보이, 페라라, 모데나), 왕국(나폴리, 시칠리아), 도시공화국들(베네치아, 피렌체, 시에나, 루카, 제노바)이 안정적 세력균형을 이루고 있었다. 그런데 프랑스의 샤를 8세가 1494년 이탈리아를 침공함으로써 이러한 '긴

16세기' 초입의 유럽세력 균형체제를 깨는 '쇠망치'(*hammer*) 역할을 하였다. 피렌체의 메디치가에서 샤를 8세의 로마와 나폴리 진군을 반대하자 피렌체는 친프랑스와 반프랑스로 양분되었고 초기에는 친프랑스세력이 피렌체를 장악하였으나 스페인 군이 피렌체에 입성하자 메디치가는 다시 권력에 복귀하였다. 샤를 8세는 1495년에 나폴리로 진격하였고 교황 알렉산데르 6세는 밀라노, 베네치아와 동맹을 맺어 샤를 8세에 대항하면서 신성로마제국의 막시밀리안 황제, 스페인 아라곤의 왕 페르디난도의 지원확약을 받았다. 결국 샤를 8세는 본국으로 퇴각하였고 1498년에 사망하였다. 프랑스의 새 국왕 루이 12세는 베네치아와 동맹을 강화하여 밀라노를 요구하였다. 이 과정에서 베네치아는 스포르자(Ludovico Sforza)가 지배하는 밀라노 공국에 대항하기 위해 세력을 강화하여 밀라노에서 50마일 떨어진 곳까지 영토를 확장하였다. 그러나 베네치아의 이러한 영토 확장운동은 베네치아에 대항하는 '캉브레 동맹'(교황을 대표로 하여 프랑스, 신성로마제국, 스페인이 뭉친 동맹, 1508)을 형성하였다. 베네치아는 아냐델로 전투(1509)에서 패배하였지만, 새로운 정복지는 훌륭하게 지켜내었다.

마키아벨리의 《군주론》은 이러한 역사적 풍랑기에 쓰인 것으로, 중국의 춘추전국시대에 쓰인 《손자병법》에 비견되는 책이다. 메디치가에 헌정하는 형식을 취하고 있는 이 책의 모델은 교황 알렉산데르 6세의 아들이자 교황령을 다스리는 군주인 체사레 보르자(Cesare Borgia)이다.

체사레 보르자는 마키아벨리가 이야기하는 군주가 갖추어야 할 덕성인 포르투나(*fortuna*, 행운)와 비르투(*virtu*, 통치력)를 모두 갖춘 신

마키아벨리는 체사레 보르자의 로마냐 지방 평정과 1502년 세니갈리아(Senigallia)에서
벌어진 그의 암살행위를(《군주론》, 7장) 비르투로 묘사하고 있다. 마키아벨리 비판자들
은 이를 국가범죄를 정당화하는 표현으로 비난하고, 맥컬리와 액턴은 마키아벨리의 폭력
에 대한 찬양은 당시의 부패상과 보편화된 범죄를 반영하는 것이라고 주장한다.

군주이다. 그는 아버지가 교황인 행운을 가지고 태어났기에 쉽게 교황
령의 지배자가 될 수 있었으나 반드시 이러한 행운만으로 신군주가 된
것은 아니다. 체사레는 이성의 간지, 정치적 조작을 통해 권력 기반을
공고히 하고 오르시니 가문과 프랑스 왕의 도움을 얻어내는 능력을 발
휘했다. 그러나 오르시니 가문이 반기를 들자 그는 재빨리 그들을 투
옥하고 처형하였으며, 프랑스 왕 또한 그를 배반할 징조가 보이자 새
로운 동맹을 구축하여 대항하였다. 뒤이어 교황직할령의 지배권을 공
고히 한 뒤 우르비(Urbino), 페루자, 시에나, 로마냐(Romagna) 지역
을 정복하였다.

　왜 마키아벨리는 자신의 이복동생을 살해하고 온갖 잔인한 행동과
음행을 저지른 군주로 비난받았던 체사레 보르자를 모델 군주로 칭송
하였을까? 마키아벨리는 현실이 항상 이상보다 앞서야 한다고 생각하
는 현실주의 정치론자(realpolitik)였기 때문이다. 군주에 대한 평가는
그의 도덕적 우월성이 아니라 현실정치를 헤쳐 나가는 통치능력에 기
반을 두어야 한다고 보았기 때문이다. 그래서 그는 아리스토텔레스 이
래로 견지되어온 선한 인간이 선한 정치를 만들기에 정치와 윤리는 분
리되지 않는다는 '정치 윤리 일원론'에서 벗어나 현실정치와 윤리를 분

리하여 현실주의 정치학, 과학으로서의 정치학의 선구자가 되었다.

마키아벨리는 《군주론》이라는 책에서뿐만 아니라 실제로 체사레와 자주 만났다. 마키아벨리는 피렌체 공화국의 외교부 서기관이었고 주교황청 대사로 발렌티노 공작 체사레의 궁정에서 1502년 10월 7일부터 1503년 1월 18일까지 체재하였다. 마키아벨리는 체사레와의 만남과 대화를 통해 그의 리더십을 보았고, 이를 바탕으로 《군주론》을 집필하였을 것이다. 그는 정치와 윤리를 분리해서 생각한 정치사상가이지 비윤리적 정치사상가가 아니었다. 그는 공화주의자였고, 신뢰를 강조한 정치사상가였다. 《군주론》 20장에서 마키아벨리는 "군주를 지켜주는 가장 튼튼한 요새는 국민의 사랑과 신뢰"라고 했다.

만약 군주가 외세보다도 백성을 더 두려워한다면 그는 요새를 구축해야 한다. 그러나 백성보다도 외세를 더 두려워한다면 요새를 구축해서는 안 된다. … 군주에게 가장 훌륭한 요새는 백성의 미움을 받지 않는 것이다. 요새를 갖고 있어도 백성이 군주를 미워한다면 요새는 군주를 지켜주지 못하기 때문이다. … 요새를 너무 믿고 백성의 미움을 사는 것을 개의치 않는 군주는 비난받아야 마땅하다.

마키아벨리, 《군주론》

시에나 :
토스카나의 보석같이 빛나는 중세도시

피렌체 교외에서 1박을 한 우리는 토스카나 지역을 종단하여 시에나로 갔다. 시에나(Siena)는 바위언덕에 위치한 유네스코 세계문화유산으로 지정된 중세의 성곽도시이다. 우리는 에스컬레이터를 타고 성벽까지 올라갈 수 있었다. 성안으로 들어서 첫 번째로 조우한 유네스코 세계문화유산은 시에나 대성당의 두오모(1136~1382)였다. 시에나 두오모는 피렌체 두오모, 베네치아 두오모처럼 거대한 규모는 아니었으나 그에 뒤지지 않는 아름다움을 뽐내고 있었다. 시에나 두오모의 특징은 외관보다 내부가 더 아름답고 화려하다는 것이다.

시에나는 피렌체와 토스카나 지역의 패권 경쟁을 하던 도시국가였다. 그래서 시에나 사람들은 피렌체 성당을 압도하는 유럽 최대 규모의 대성당으로 시에나 두오모를 확장하려는 계획을 세웠으나 1348년 흑사병의 창궐로 시에나의 인구가 거의 반으로 줄게 되자 그러한 계획은 철회되었고 현 규모의 두오모가 탄생한 것이다. 시에나 대성당의 얼굴인 아름다운 로마네스크 양식의 전면은 1284년 피사 출신 조각가 조반니 피사노(Giovanni Pisano)가 설계하였다.

시에나 대성당의 화려한 내부 조각과 그림은 당시 최고의 예술가였던 니콜라 피사노, 도나텔로, 그리고 미켈란젤로의 작품이다. 먼저, 형형색색의 대리석으로 깔린 성당의 바닥에 감탄하게 된다. 입구에 들어서면 헤르메스 트리메기스토스(Hermes Trismegistus)와 같은 10명의 예언자들(sybils)이 새겨져 있어 보는 이를 압도한다. 천장 밑 양옆

시에나 대성당 © Dudva

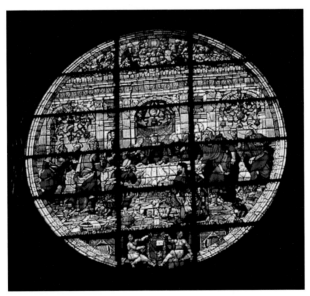

시에나 대성당의 스테인드글라스 © Softeis

으로는 역대 교황과 황제의 흉상이 그려져 있다. 흥미로운 것은 성당 외부와 내부에 늑대 젖을 빨고 있는 로물루스와 레무스의 석상이 두 개씩 조각되어 있다는 점이다. 아마도 시에나 시민들은 시에나가 로마 건립자인 로물루스와 레무스의 정통성을 이어받고 있다는 것을 보여주고 싶었는지 모른다. 특히 나를 감동시킨 것은 미켈란젤로가 조각한 베드로와 바오로 석상, 그리고 역대 교황들의 석상이었다.

시에나 대성당에서 필자의 눈길을 끈 곳은 단연 대성당 내에 있는 서재였다. 천장에 그려진 벽화는 바티칸시국의 시스티나 성당의 천장벽화보다 걸작은 아닐지 몰라도 그동안 내가 본 천장벽화 중 가장 색채가 화려하고 아름다웠다. 또한 필자가 본 서재 중 가장 지적인 서재였다. 그리고 고대 영웅들인 알렉산더 대왕, 스키피오, 모세의 전기를 그린 그림뿐 아니라 교황 피우스 2세의 일생을 그린 그림도 있었다. 필자는 그중 피우스 2세가 다른 군주들과 함께 십자군 원정에 나서기로 한 출발지 안코나(Ancona)에 도착하는 모습을 그린 그림이 인상 깊었다. 그림 속 피우스 2세는 죽음에 임박하여 오스만제국 원정에 참가할 것을 호소하고 있었다. 이 작품 외에도 퀘르치아(Jacopo della Quercia)가 그린 〈에덴동산으로부터의 추방〉이라는 벽화가 부조로 새겨져 있었다(Caciorgna, 2013).

우리는 예상했던 것보다 훨씬 아름답고 화려한 시에나 대성당의 모습에 넋을 잃고 한참을 머문 뒤 캄포 광장(Piazza del Campo)으로 내려가 시청에 위치한 이탈리아에서 2번째로 높은 종탑을(만자의 탑, Torre del Mangia, 102미터) 찾았다. 캄포 광장은 원래 로마제국 시대에 지어진 포럼(대광장)이었는데 1293년 시에나를 통치하는 '9인 위원회'가 이

시에나 델 캄포 광장

포럼의 바닥을 붉은 돌로 깔아 공공 광장으로 개조할 것을 결정하였고, 개조공사는 약 22년간(1327~1349년) 진행되었다고 한다. 광장 준공 후 시에나 사람들은 성모 마리아의 수의를 전시하여 성모 마리아가 시에나를 지켜줄 것을 소망하였다고 한다.

델 캄포 광장에는 로마제국 시대에 건설된 분수와 수로가 있었다. 광장 북쪽에는 델 만기아(Torre del Mangia, 1348) 분수와 목욕탕이 있고 그 분수의 물은 대리석으로 만든 수로인 '갈라 다리'(Fonta Gala)를 통해 델 캄포 광장에 모인 사람들에게 공급되고 있었다. 캄포 광장은 로마 시대에는 시장이었으나, 델 캄포 광장으로 이름을 바꾼 뒤에는 사형집행, 투우, 그리고 '팔리오'(Sienese Palio)를 진행하는 곳이 되었다. 팔리오란 로마병사들이 군사훈련 때 시행했던 안장 없이 말을 타고 빠르기를 겨루는 시합으로, 시에나에서 매년 개최되는 가장 인기 있는 경기라고 한다.

광장에서 여유로운 시간을 보낸 뒤 주차장으로 내려오는 길에 로마 시대에 수영장으로 썼을 법한 대형 풀장에 잠깐 들러 발을 담그고 시에나에서 보낸 시간을 회상했다. 한때 피렌체와 경쟁하던 중세도시 시에나의 영광과 자부심을 직접 보고 느낄 수 있어 의미 있는 여행으로 기억될 것이다.

몬테풀치아노:
토스카나 와인과 고성

피렌체에서 시에나 그리고 몬테풀치아노로 가는 길은 이탈리아 영화에 자주 나오는 나뭇잎이 총총히 붙어 길쭉한 수직 타원형 모양을 한 사이프러스(cypress) 숲이 우거진 구릉지역으로 유명한 토스카나 와인이 생산되는 지역이다. 일조량이 많은 지중해의 햇빛이 포도송이에 골고루 스미며, 엘사(Elsa) 강이 흐르고 있어 포도원(winery)으로 풍부한 물이 공급되고 있다. 이러한 자연조건 덕분에 품질 좋은 포도가 대량으로 생산되고 그 포도는 이탈리아 토스카나 명품와인으로 재탄생되고 있다.

토스카나 지역 전체가 이탈리아의 최고, 최다 와인을 생산하고 있지만 그중에서도 토스카나 남동부 지역인 피렌체와 시에나에서 만들어지는 와인이 가장 유명하다고 한다. 대대수가 이탈리아 최고의 와인은 피렌체와 시에나 주변에서 생산되는 키안티 클라시코(Chianti Classico)라고 하는 데 이의를 달지 않을 것이다. 키안티 와인은 수탉을 상표로 쓰기 때문에 라이벌 도시인 피렌체와 시에나는 수탉 경쟁을 벌이는 셈이다. 이러한 경쟁으로 품질 좋은 키안티가 탄생하게 된 것이다. 역시 경쟁은 좋은 것이다. 또한 이번 여행을 통해 브루넬로 디 몬탈치노(Brunello di Montalcino)와 비노 노빌레 디 몬테풀치아노(Vino Nobile di Montepulciano)도 키안티 못지않은 명품 와인이라는 사실을 알게 되었다. 우리는 아시시(Assisi)로 가는 길에 몬테풀치아노에 들러 와인을 곁들인 식사를 하기로 했다.

몬테풀치아노 성에 도착한 우리는 차에서 내려 걸어서 성의 꼭대기로 올라갔다. 길 곳곳에는 가게와 식당, 그리고 갤러리들이 있어 구경하는 재미가 쏠쏠했다. 마침 앞에서 엄마로 보이는 40대 여성과 그녀의 아들로 보이는 2명의 학생이 한국말로 재잘거리며 올라가고 있었다. 우리는 반가운 마음에 서로 인사를 나누었다. 그들은 방학을 이용해 여행 온 것이라며 인터넷을 이용해 이곳의 정보를 수집하고 성안의 호텔을 예약했다고 했다. 그 말을 들으니 친퀘테레에서 만난 인터넷에 의지해 홀로 여행 온 한국 여성이 생각났다. 인터넷 코리아의 위력을 다시금 느끼는 순간이었다. 몬테풀치아노 성의 정상을 돌아 대평원을 바라보는 방향으로 내려오는 길에는 시에나 출신 화가 도메니코 디 바르톨로(Domenico di Bartolo)의 〈성모승천〉이 걸려있는 두오모와 시

몬테풀치아노 포도원과 교회 전경 ⓒ 임혁백

청광장이 있었고, 성 중턱에는 르네상스 양식의 산 비아지오(San Biagio)가 고원에 펼쳐진 포도원들을 내려다보며 아름답게 자리하고 있었다.

그런데 필자의 눈길은 두오모보다 몬테풀치아노 양조장을 직접 운영하는 레스토랑에 갔다. 참새가 방앗간을 지나칠 수는 없지 않은가? 우리는 성 아래 평원을 바라보며 우아하게 식사를 하고자 고성 정상에 있는 레스토랑으로 향했지만 7시 반부터 문을 연다는 것이다. 아직 시간이 한 시간 반이나 남아 꿈을 접으려 했는데 식당 종업원이 식당 지하에 있는 와인저장소에서 대형오크통을 구경하며 시간을 보내는 것은 어떠하냐고 물어오는 것이었다. 우리는 그의 제의를 받아들여 와인저

장소로 이동했다. 그곳에는 대형오크통들이 과학적인 방법으로 와인을 보관하고 있었고, 그 장치들을 레오나르도 다빈치가 발명했다는 이야기를 듣고 놀라지 않을 수 없었다. 다빈치는 이 장치 상단에 온도를 조절하는 투명 유리통과 꼭지를 부착하여 가스를 주입하거나 흡입해 와인이 공기와 닿아 산화작용을 일으켜 맛이 변하는 일이 없도록 외부 공기와의 접촉을 차단하는 장치를 개발한 것이다. 그 덕분에 와인이 최상의 상태로 보관될 수 있는 것이라고 한다.

그러나 우리는 지하 창고를 구경하며 시간을 보냈음에도 그 식당에서 저녁식사를 하지 않았다. 왜냐하면 소믈리에 자격증을 보유하고 있는 김 교수 부인이 와인 맛이 그저 그렇다고 했기 때문이다. 어쨌든 와인저장소도 구경하고 여러 종류의 와인도 맛보았기에 우리는 와인 몇 병과 42도짜리 그라파 2병을 구매한 뒤 성 밑에 있는 식당에서 저녁식사를 했다. 그런데 우리가 식사를 한 식당에서 팔고 있는 몬테풀치아노 와인이 좀 전에 와인창고를 구경한 레스토랑의 양조장에서 생산되는 와인으로 맛이 매우 좋은 것이 아닌가! 같은 와인이면 산 위에서 마시는 것이 산 아래서 마시는 것보다 더 맛있게 느껴져야 할 텐데 어찌하여 우리는 정반대인가? 김 교수가 좋아하는 과학적 설명이 안 되면 심리학적으로 설명해야 할 것 같았다. 김 교수의 친구인 철학교수의 말대로 "사회과학은 과학이 아니다"라는 명제가 나올 만하게 되었다.

움브리아의 아시시와 성 프란체스코

몬테풀치아노에서 저녁식사를 하고도 아직 해가 지지 않아 우리는 바로 움부리아(Umbria) 주의 아시시로 향했다. 그동안 움브리아는 자매 지역인 토스카나의 그늘에 가려져 있었지만, 최근 그 아름다움이 빛을 발하고 있다. 움브리아는 베토벤의 전원교향곡이 절로 흘러나올 것 같은 아름답고 유쾌한 시골풍경과 높은 산들과 자연이 살아 숨 쉬는 듯한 풍경으로 '이탈리아의 녹색 심장'(*Green Heart of Italy*)이라는 제2의 이름을 가지고 있는 곳이다. 또한 시골의 아름다움과 중세의 전문 예술을 간직하고 있는 곳이기도 하다.

아시시는 움브리아의 대표적 중세도시로 성 프란체스코(St. Francesco, 1181~1226)의 무덤이 있는 곳으로도 유명하다. 부유한 상인이자 수도사인 아버지 밑에서 자란 성 프란체스코는 세계 곳곳에서 기적, 축복, 헌신을 하는 등 예수 그리스도의 말씀을 실천하며 생을 보냈고 사후 고향 아시시의 성 프란체스코 성당(Basilica di San Francesco)에 묻혔다.

그는 27세에 작은 교회에서 기도하던 중 "병든 자를 고치며, 죽은 자를 살리며, 나병환자를 깨끗하게 하며 귀신을 쫓아내되 너희가 거저 받았으니 거저 주라. 너희 전대에 금이나 은이나 동을 가지지 말고, 여행을 위하여 주머니나 두벌 옷이나 신이나 지팡이를 가지지 말라"는 마태복음 10장(8~10절)을 듣게 된다. 프란체스코는 그 가르침대로 즉각 신발을 벗어던지고 자신의 지팡이와 지갑을 버렸으며, 한 벌 옷만 걸치고 끈으로 가죽 허리띠를 대신한 채 아시시를 떠나 1226년 사망할 때까지 전 유럽을 돌며 병든 자와 가난한 자들을 위해 일생을 바쳤고, 자

아시시의 성 프란체스코 성당과 프란체스코회 유적 © Aaron Logan

신을 따르는 많은 사람들을 가슴과 마음으로 사로잡았다. 10)

아시시의 성 프란체스코 성당은 그가 죽은 지 2년 후인 1228년에 착공하여 1253년에 완공되었다. 성당을 짓는 동안 피렌체와 시에나의 화가들과 조각가들이 아시시로 모여 성당 내부를 장식하였다. 성당 안의 여러 벽화들 중 최고의 걸작은 피렌체 화가 지오토가 그린 〈프레스코화〉('성 프란체스코의 생애'를 28장면으로 묘사한 벽화)이다. 28개의 대형벽화 중 깊은 인상을 받은 벽화는 15번째 그림('새에게 설교하는 프란체스코', 프란체스코가 새 떼에게 설교를 하자 새들은 머리를 앞으로 뻗어 날갯짓을 하고 부리를 그의 망토에 갖다 대며 기뻐하는 장면), 19번째 그림('성 프란체스코의 성스러운 흔적', 프란체스코가 십자가에 못 박혀 손과 발에 성스러운 흔적이 있는 천사의 모습으로 나타난 예수 그리스도의 모습을 보고 있는 장면), 그리고 20번째 그림('성 프란체스코의 죽음', 프란체스코가 죽는 순간 수도사들이 지켜보는 가운데 성자의 영혼이 빛나는 별의 모습으로 하늘을 향해 올라가는 장면) 이다.

저녁이 지나 밤으로 들어가는 시간에 우리는 아시시 성의 골목길에 있는 작은 호텔에서 짐을 풀었다. 우리가 묵은 호텔은 성 프란체스코 성당 근처에 있는 곳으로, 유난히 프란체스코의 축복을 많이 받으며 머문 듯해 마음이 경건해졌다. 그러나 한편으로는 프란체스코 성인의 정신에 따랐다면 좀더 힘들게 고행하고 만났어야 하는 것이 아닌가 하는 생각도 들었다. 아시시를 떠나면서 마음속으로 프란체스코의 〈평화의 기도〉를 암송한다.

오, 주여!
나로 하여금 당신의 평화의 도구로 삼으소서
미움이 있는 곳에 사랑을
죄가 있는 곳에 용서를
분쟁이 있는 곳에 화해를
잘못이 있는 곳에 진리를
화의가 가득한 곳에 믿음을
절망이 있는 곳에 소망을
어두운 곳에 당신의 빛을
그리고 설움이 있는 곳에 기쁨을
오, 주여!
저희가 위로받기보다는 위로하게 하여 주시고
이해하고 사랑받기보다는 이해하고 사랑하는 사람이 되게 하여 주소서
이는 줌으로써 받고

용서함으로써 용서받으며

죽음으로써 영원한 생명을 얻게 되기 때문입니다.

성 프란체스코, 〈평화의 기도〉

운하로 연결된 해상도시 베네치아

움브리아의 아시시를 떠나 아드리아 해의 운하도시인 베네치아로 향한
다. 사실 베로나에서 바로 동쪽으로 가로질러 갔으면 몇 시간 걸리지
않았을 거리를 나흘간 걸쳐 둘러가는 것이다. 이제 우리 여행은 지중
해 시대에서 아드리아 해 시대로 이전하고 있다. 아침 일찍 아시시를
떠나 세계에서 가장 오래된(最古) 대학이 있는 볼로냐(Bologna)를 지
나 베네치아 교외의 호텔에 도착하니 초저녁이다. 그러나 아직 해가
지지 않아 바다 물길을 건너 베네치아에 가보기로 했다. 우리는 기차
를 타고 베네치아 역으로 이동한 뒤 '버스'(큰 여객선)를 타고 산 마르코
광장으로 향했다.

　필자는 2005년 7월 서울대학교 이지순 교수와 함께 베네치아를 방문
한 적이 있다. 당시 나와 이 교수는 베네치아 공항에서 도심으로 이동
하기 위해 습관적으로 '차'를 찾았던 재미있는 기억이 있다. 이번 여행
에서는 물의 도시인 베네치아에 기차를 타고도 갈 수 있다는 것을 알게
되었다. 그러나 산타 마리아 기차역에 도착한 후부터는 걷기 아니면
배를 이용하여 이동하는 방법밖에 없다. 베네치아 내에는 운하가 거미
줄처럼 연결되어 있고 운하를 넘는 다리는 대부분 자동차의 무게를 견

거미줄처럼 연결된 베네치아 대운하 ⓒ 임혁백

디기 힘든 작고 약한 다리이기 때문에 자동차로 다니는 것은 원천적으로 불가능하다.

　우리는 역에서 내려 수상버스를 타고 L자 모양의 대운하(Grand Canal)를 가로지르며 베네치아의 대표적인 다리, 성당, 아름다운 대리석 빌라를 보며 산 마르코 광장 역으로 이동했다. 대운하를 잇는 다리 중 가장 유명한 다리는 리알토(Rialto) 다리였다. 이 다리는 피렌체의 베키오 다리처럼 다리 위에는 물건을 사고파는 시장이 형성되어 있고 중국 북송 수도 카이펑(Kaifeng)의 운하 위에 건설된 홍교(虹橋)와 비슷한 모양을 하고 있다. 리알토라는 이름은 리보 알토(*rivo alto*), 즉 높은 언덕이라는 데서 유래되었다. 반달모양의 아치 형태 또는 무지개 형태이기 때문에 다리 중간의 높은 지점에 오르면 대운하를 한눈에 볼수 있다.

리알토 다리 근처에는 '광장과 시장'이 형성되어 있어 각종 행사와 상거래가 소란스럽게 이루어지고 있었다. 베네치아 공화국 시대에는 세계 각국의 사람들이 모여 유리제품, 금 세공품, 보석 그리고 보험상품 같은 금융상품을 거래했다고 한다. 리알토 다리의 시계는 상품을 가지고 모여든 각국의 사람들에게 매 순간 시간을 알려주었다. 오늘날에는 세계의 상인들이 리알토 다리를 찾지 않지만 전 세계의 관광객들과 베네치아 상인들이 기념품, 장신구, 유리제품 등을 놓고 흥정을 벌이고 있다(로저 크롤리, 2011: 372).

리알토 다리를 보니 중국의 국보급 그림으로 대만의 고궁박물관에 소장되어 있는 〈청명상하도〉(清明上下圖)가 떠올랐다. 이 그림은 북송의 한림학사 장택단(張擇端, 960∼1027)이 중국 청명절의 도성 내외의 번화한 정경을 묘사한 국보급 명화이다. 필자는 고궁박물관에서 이 그림을 자세히 볼 수 있는 기회가 있었는데, 인상 깊었던 부분은 홍교 근처에서 시끌벅적 분주하게 장사를 하는 서민, 외국인, 상인들의 모습이었다. 그림에는 만두를 파는 왕서방, 멀리 서역에서 낙타에 물건을 싣고 와 파는 수염이 덥수룩한 아라비아 상인, 괴나리봇짐을 지고 물건을 팔러왔는지 관광을 하러 왔는지 목적이 불분명해 보이는 고려 청년, 홍교 아래로는 부지런히 사람과 물건을 실어 나르는 뱃사공, 그리고 다리 아래 천장에 닿을 듯 말 듯 아슬아슬하게 지나는 배를 구경하는 구경꾼들의 모습 등이 묘사되어 있다. 이 그림을 통해 당시 모든 사람과 물자가 홍교를 중심으로 이동되고 있었고 카이펑이 전 세계에서 가장 부유하고 거주 인구가 많은 세계의 수도였음을 짐작할 수 있었다. 백문불여일견이라지만 카메라가 없던 시절 장택단은 〈청명상하도〉란 그림 하나로 카이펑이 오늘의 뉴욕, 중세의 베네치아와 같은 세계 중추 도시였음을 증명한 것이다.

베네치아는 원래 바다 늪지대였다고 한다. 1,500년 전 베네치아 사람들은 바다 늪지대에 110만 개의 나무말뚝을 박아 지반을 다진 뒤, 주거가 가능한 100여 개의 섬들을 조성하여 그 섬들을 다리로 연결하였다고 한다. 이를 통해 자연히 섬, 다리, 작은 운하로 구성된 '물의 도시' 베네치아가 조성된 것이다. 1592년 나무말뚝 대신 돌기둥을 박기 시작했으나 곳곳에서 나무말뚝이 박혀 있는 모습을 볼 수 있다. 대운하 근처에 있는 대형건물들에는 다른 도시의 건물들과 달리 창문이 많은데 이는 바다 위의 운하 도시 베네치아에서 건물이 가라앉는 것을 방지하기 위함이라고 한다. 그리고 베네치아가 육지 위에 도로를 거의 만들지 않고 미로를 만들어 소운하 다리로 연결한 것 또한 하중을 줄이기 위한 베네치아 사람들의 지혜의 소산이다. 그리고 지반 침하를 방지하기 위해 가급적 지하수를 사용하지 않고 빗물을 사용한다고 한다. 모래로 빗물을 정제하여 식수로 사용하는 것이다. 베네치아에서는 현관이 운하 쪽으로 나있는 물가의 집이 비싸다고 한다. 지난 2005년 베네치아 호텔에서 수상택시를 불렀더니 호텔건물 뒤에 있는 '주차장'(정박장)으로 수상택시가 와 우리를 공항에 데려다 줬던 기억이 떠올랐다.

베네치아 경치를 감상하다 보니 수상버스는 금세 산 마르코 광장에 도착했다. 버스에서 내려 광장에 오르니 가장 먼저 우리를 맞이하는 것은 디귿자 모양의 거대한 회랑이었다.

베네치아
산 마르코 대성당의
거대한 네 마리의 흑마
© Petar Milošević

회랑의 1층에는 각종 선물가게, 식당, 카페 등이 즐비했고 그 옆으로는 5개의 황금색 돔으로 이루어진 비잔틴 양식의 산 마르코 대성당(산 마르코 바실리카)이 찬란한 자태를 뽐내며 우리의 눈을 멀게 했다. 산 마르코 대성당은 비잔틴 양식, 로마네스크 양식, 이슬람 양식이 혼합되어 조화를 이루고 있었다. 이는 천 년의 베네치아 공화국이 매우 개방적이고 포용적이었다는 것을 알려주는 증거이기도 하다. 산 마르코 대성당은 세계에서 가장 큰 성당은 아닐지 몰라도 세계에서 가장 아름다운 성당이라는 데는 많은 사람들이 동의할 것이다. 성당 입구 위의 2층 발코니에는 1204년 십자군 원정에 참가했던 베네치아 해군이 콘스탄티노플로부터 약탈한 4마리의 거대한 청동 말들이 문지기처럼 서 있었다. 산 마르코 대성당을 산 마르코의 성당이라고 부르는 것은 신약 4대 복음서 중 마가복음을 쓴 사도 마르코의 시신을 안장하고 있고 성 마가의 관이 안치되어 있기 때문이다. 성 마가를 모신 신전은 9세기에 산 마르코 대성당에 안치되었으나 화재로 파괴되었다. 그러나

1075년 십자군 원정에서 돌아온 베네치아 함선들과 상선들이 성 마가 대성당에 보물을 선물하라는 법이 제정되자 '성 마가의 집'은 아름다운 보물들로 장식되기 시작하였다. 여기에 티티아노와 틴토레토와 같은 베네치안 화가들의 노력도 더해져 아름답고 거대한 성 마가 대성당이 완성된 것이다.

산 마르코 대성당 왼쪽 시가지에는 유명한 시계탑이 있는데 매 시간마다 커다란 인형이 나와 시계 종을 친다. 산 마르코 성당을 감싸고 있는 디근자 모양의 두칼레 궁전은 베네치아 공화국 집정관의 공식 정청이었다. 고딕 양식의 이 건물은 베로나산 핑크빛 대리석으로 지어졌는데, 현재는 미술관으로 사용되고 있다. 이곳에는 엄청난 양의 베네치아 화파의 그림과 조각 그리고 유럽 각지에서 수집한 그림들이 전시되어 있다. 나는 2005년 처음 이 미술관을 관람하였는데 당시 나는 베네치아 함대의 전투신을 그린 거대한 그림들, 〈취한 노아〉, 세계에서 가장 큰 그림이라는 틴토레토의 〈파라다이스〉에 심취했고, 특히 플란더스의 화가 부뤼겔(Peter Bruegel, 1525∼1569)의 〈즐거운 날〉(예수님이 탄생하셨다는 기쁜 소식을 묘사한 그림)이라는 그림에 깊은 감명을 받았다.

두칼레 궁전 뒤편에는 소운하와 연결된 '탄식의 다리'가 있는데 그처럼 불리게 된 이유는 죄수들이 이 다리를 건너 감옥으로 들어갔기 때문이라고 한다. 죄수들은 이 다리를 건너며 절망의 한숨을 쉬었을 것이다. 세기의 바람둥이 카사노바(Giacomo Casanova)도 신성모독, 간음, 프리메이슨〔세계시민주의적 · 인도주의적 우애(友愛)를 목적으로 하는 단체〕등의 죄목으로 유죄를 선고받고, 이 다리를 건너 감옥에 감금되었는데, 1755년 카사노바는 감옥 천장의 구멍을 통해 탈옥에 성공했다고 한다. 그런데 역시 천하의 바람둥이 카사노바는 범상치 않았다. 그는 탈옥 후, 도주 중에도 산 마르코 광장 근처의 유명한 카페 플로리안(Caffè Florian)의 커피 맛을 잊지 못해 이 카페에 들러 커피를 마시고 난 뒤 "플로리안의 커피 맛은 여전히 변함이 없구나"라는 말을 남기고 유유히 사라졌다고 한다. 카페 플로리안은 카사노바 사건 이전에도 괴테 등 유럽 명사들이 즐겨 드나들던 곳으로 매우 유명한 곳이었는데 카사노바 사건 이후 더욱 유명해져 명사들뿐 아니라 일반 관광객들도 커피를 마시기 위해 장시간 줄을 서 기다리는 산 마르코 광장의 명소가 되었다.

아드리아 해와 동지중해의 패자로 군림한 천 년의 해양도시공화국 베네치아

베네치아는 인구가 많을 때는 15만, 적을 때는 10만 개의 섬으로 구성된 조그마한 도시공화국이었다. 인구와 면적의 규모로만 봤을 때에는 대국이 될 수 없는 소국이었다. 그런데 중세와 르네상스를 거쳐 근대국가의 시대까지 자유와 번영을 지속한 아드리아 해안에 위치한 작은 해양도시공화국 베네치아가 지중해와 아드리아 해의 제해권을 장악했고 유럽에서 가장 부유한 나라였다는 것은 놀라운 일이다. 비잔티움 제국의 황제는 아예 베네치아에 동지중해와 아드리아 해의 제해권을 맡겼다(시오노 나나미, 1996: 95~144). 베네치아 함대는 비잔티움 황제가 위임한 제해권을 이용해 제4차 십자군 원정의 주도 세력이 되어 이스탄불을 함락하였고 비잔티움 제국이 보유하고 있는 엄청난 성물과 보물들을 약탈해 베네치아로 가져왔다. 그렇다면 베네치아의 번영, 자유, 강력한 군사력의 원동력은 어디에서 나오는 것일까?

첫째, 베네치아는 국외에서 부를 창출하여 국내로 유입해 엄청난 번영과 자유를 구가한 외부지향적 투자국가였다. 인구 15만에 지나지 않는 소규모의 도시국가가 국내에서 부를 창출하여 지중해에서 가장 부유한 나라가 될 수는 없었다. 그래서 베네치아는 밖으로 눈을 돌렸다. 상선대를 조직하여 원거리 무역을 통해 엄청난 부를 창출하였다. 베네치아는 유럽과 동양이 만나는 관문이었고, 베네치아 상선대는 페르시아의 카펫, 중국의 비단, 서역의 모피, 인도의 향료 등을 수입하여 엄청난 이윤을 남기면서 유럽의 왕족들과 귀족들에게 팔았다. 그리고 아드리아 해 주변에 있는 해적들의 노략질로부터 베네치아 상선대를 보호하기 위해 호위함대를 구축함으로써 군사적으로 베네치아의 안전을 보장하고 베네치아인들의 자유를 지키며 강력한 해군을 육성할 수 있었던 것이다.

그러나 베네치아는 단순한 통상국가, 무역국가가 아니었다. 베네치아는 투자국가였다. 베네치아 도시국가에서 생산한 상품만을 수출해서는 가장 부유한 공화국이 될 수 없었다. 베네치아는 지중해, 아드리아 해, 오스만제국, 중동, 인도에 거점을 확보한 후 투자를 통해 중계무역, 현지생산, 무역네트워크 구축으로 부를 창출하였고 이를 베네치아로 가져옴으로써 유럽에서 가장 부유한 국가가 될 수 있었던 것이다. 게다가 베네치아 시민들은 부유한 국가가 제공하는 각종 공적 서비스와 복지, 금융혜택을 받았다. 국가 서비스를 제공하기 위해 징세

베네치아 공화국

베네치아는 오스만제국과 비잔티움 제국에, 한국은 미국, 중국, 일본, 러시아에 둘러싸여 있는 지정학적 유사성을 가지고 있어 한국에게 투자국가 구축을 위한 좋은 선례를 제공한다. 물론 베네치아는 당시 유럽에서 가장 경쟁력 있는 산업을 육성했는데 그중 무라노섬에서의 유리 생산이 대표적이다. 그러나 식량을 전량 수입에 의존해야 했기에 산업에 경쟁력이 있다 해도 베네치아인들을 먹여 살리기에는 부족했을 것이다. 그래서 베네치아는 국외로 눈길을 돌려 해외에서 부를 창출하여 번영을 누렸다.

를 늘리지 않아도 되게 된 베네치아 시민들은 복지국가들이 흔히 추징하는 고율의 복지세금 고통에서 해방될 수 있었다. 따라서 전통적인 복지국가에서 발견되는 고율의 세금과 양호한 국가서비스와 사회복지 간의 상쇄관계의 딜레마가 베네치아에서는 발견되지 않았다.

둘째, 베네치아는 유목형 외부투자국가가 요구하는 인적자원을 갖고 있었다. 바다 위의 섬에 위치한 베네치아에는 뛰어난 선원과 항해사라는 해양 투자국가가 요구하는 인적자원을 풍부하게 보유하고 있었다. 그리고 해외투자의 불확실성을 줄이고, 위험부담을 분산시킬 수 있는 제도를 제정하였다. 베네치아 상인들은 행상융자와 신용조합인 콜레간차에서 융자를 받을 수 있었고(Lane, Frederic C, 1973), 합작회사 등 자본 확보와 위험분산을 가능케 하는 제도를 고안하였다. 정부는 잘 정비된 항로와 안전한 수송을 공급하는 인프라의 구축에 힘을 쏟았다. 베네치아 상인에게 안전한 항로를 공급하기 위해 베네치아 국가는 다양한 형태의 폭력(해적, 다른 국가의 조직 폭력)으로부터의 보호를 제공하였고, 다른 경쟁자들(라이벌 도시국가, 특히 제노바)보다 낮은 가격으로 상선대의 안전한 운항을 보장함으로써 지중해와 아드리아 해 비슷한 시기에 스페인의 안달루시아 지역에 칼리프가 수도로 삼은 코르도바(Cordova) 왕국이 있었다. 당시 코르도바는 유럽에서 가장 크고 번영하는 도시였다. 번영의 키워드는 똘레랑스(*tolerance*, 관용)였다. 칼리프는 그리스 사상, 유태교, 기독교를 모두 허용하는 종교의 자유, 사상의 자유, 학문의 자유를 보장하였다. 그 결과 코르도바에서는 아랍어로 의사소통을 하고, 그리스어로 철학을 논하고, 히브리어로 기도를 했다. 세계의 뛰어난 은행가, 시인, 의사, 학자, 상인들이 모여들었고 그들은 코르도바를 세계에서 가장 부유한 도시로 만들었다. 아프리카의 금, 아시아의 향신료, 유럽의 밀 등 세계의 부가 코르도바에 집중되었다. 당시 칼리프의 도서관에 소장된 도서는 유럽 전역에 있는 도서관의 장서보다 많았다고 한다.

의 패자(霸者)가 될 수 있었다(임채원, 2007: 122). 베네치아는 안보국가와 투자국가, 그리고 민주주의는 양립 불가능한 것이 아니라는 것을 보여주었다. 시민에 의해 통제되는 안보국가는 베네치아 상인들의 항로와 자유, 그리고 번영을 보장해 주었다.

셋째, 베네치아는 자유롭고 관용적인 공화국이었다. 천년의 공화국 베네치아 경제사의 대가인 프레데릭 레인에 의하면, 장기간에 걸친 베네치아와 제노바의 대립 끝에 베네치아가 승리한 이유는 해군의 힘 또는 해전 기술 때문이 아니라 베네치아가 공화주의적 국정운영을 할 수 있는 뛰어난 능력을 보유하고 있었기 때문이라고 한다. 베네치아는 민주정, 귀족정, 군주정의 장점을 결합한 혼합정체를 통해 파벌의 문제를 해결하고 공화국의 공동체를 유지할 수 있었다(임채원, 2007: 112~113). 반면 제노바는 끊임없는 정쟁을 벌임으로써 스스로 몰락하였다. 공화국 정부는 베네치아 상인을 비롯한 시민들의 공익을 수호하는 정부였다. 정부는 베네치아 상인들의 활력을 억누르지 않으면서 그들의 활동에 적극적으로 개입하여 투자의욕을 자극하였다. 천 년 전에 이미 베네치아 공화국은 자본에 대해 정부가 규제와 탈규제를 어떻게 조절해야 하는가에 관한 지혜를 터득하고 있었던 것이다.

이와 같이 베네치아는 바닷가의 개펄 위에 세워진 섬들의 국가가 지닌 자원부족의 한계와 주변 강대국의 위협이라는 지정학적 시련을 외부지향적 투자국가, 인적자원의 교육 훈련과 확보, 혁신적 투자금융제도 고안 등을 통해 극복하고 지중해와 아드리아 해를 중심으로 원거리 해상무역을 독점하면서, 지중해에서 인도양에 이르는 항로의 주요 거점도시마다 투자 중추를 건설해 유럽에서 가장 부유한 나라가 되었으며, 막강한 상선호위함대 구축을 통해 아드리아 해와 지중해 최강의 군사강국이 되었다.

동아드리아 해의
보석 같은
도시들

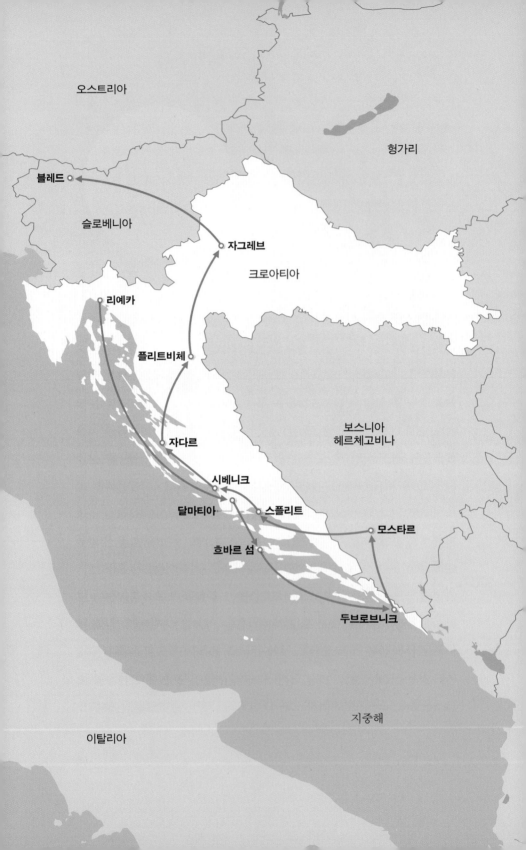

오스트리아

헝가리

블레드 o

슬로베니아

크로아티아

리예카 o

자그레브 o

플리트비체 o

보스니아
헤르체고비나

자다르 o

시베니크 o

달마티아

스플리트 o

모스타르 o

흐바르 섬 o

두브로브니크 o

지중해

이탈리아

베네치아를 넘어 서아드리아 해에서
동아드리아 해로 들어가다

베네치아를 둘러보고 산타 루치아 역으로 이동해 기차를 타고 메스트레 역에 내려 숙소로 돌아왔다. 베네치아에는 맛있는 해물요리 레스토랑이 많았지만 우리의 관심은 온통 한국 식당을 찾는 데 집중되어 있었다. 메스트레 역에 내려 한국식당 '나루'(Naru)가 어디 있는지 사람들에게 물으니 대답이 각양각색이었다. 한참을 헤매다 우리가 묵은 호텔의 두 블록 거리에서 '나루'를 발견하고는 '등잔 밑이 어둡다'는 우리나라 속담이 틀리지 않음을 확인하였다. 우리는 '나루'에서 그동안 이탈리아의 느끼한 음식으로 불편했던 속을 달래었다. 한국에서라면 "너무짜다", "너무 맵다"라며 한마디 했을 맛이었지만 감사한 마음으로 맛있게 식사했다. 다만 아쉬운 점이 있었다면 김칫값이 너무 비싸 많이 먹지 못했다는 것이다.

베네치아에서 1박을 한 후 크로아티아로 향했다. 아드리아 해 최북단을 둥글게 돌아 트리에스테를 지나 동아드리아 해로 진입하였다. 트리에스테는 동아드리아 해의 유일한 이탈리아 도시로 아름다운 산 주스토 성(Castello San Giusto)이 있는 도시이다. 트리에스테 성안의 박물관에는 트리에스테가 고대 그리스와 교역을 했다는 여러 물증들이 전시되어 있다.

트리에스테를 지나면 바로 국경지대에 들어서는데 처음 만나는 국경은 크로아티아가 아니라 슬로베니아였다. 슬로베니아는 내륙에 위치해 유고연방이 해체될 때 바다에 면한 땅과 항구를 요구하였고 그 결과 바다로 나가는 창을 갖게 된 것이다. 불과 29마일에 불과한 슬로베니아령 아드리아 해변에는 가장 큰 공업도시 코페르(Koper), 코페르에 비해 다소 허름한 이졸라(Izola), 영혼이 없는 휴양 도시 포르토로즈(Portorož)가 있으나 역시 슬로베니아의 아드리아 해 보석은 피란(Piran)이다. 피란은 이탈리아 사람들이 가장 선호하는 여름 휴가지로, 슬로베니아의 두브로브니크로 불리는 사랑스런 바닷가마을이다.

그러나 슬로베니아에서는 잠시만 머물고 크로아티아로 들어가는데 다시 몇십 미터 상간에서 출입국 신고를 해야 했다. 단지 여권을 제출하고 되돌려 받는 과정인데도 몇십 마일 사이에 두 번이나 해야 한다니 다소 번거로웠다. 독일에서 오스트리아로 넘어올 때는 아무런 제지 없이 국경을 넘은 것과는 대조적이었다. 이는 독일과 오스트리아는 EU 회원국이고 슬로베니아와 크로아티아는 유로존에 들어가 있지 않은 EU 준회원국이기 때문이 아니었다. 유럽 국가들의 경우 국경 문제는 셍겐조약(Schengen agreement)의 규율을 따르게 되는데, 이 조약의 체약국은 역내를 다닐 때에 한 나라를 다니는 것과 동일하게 출입국 관련 통제가 없지만, 체약국이 아닌 경우에는 국경을 지날 때마다 매번 출입국 신고를 해야 하기 때문이라는 것을 워싱턴 D. C.에 돌아와 한국대사관에서 근무하는 홍석인 참사관으로부터의 친절한 설명을 듣고 알게 되었다. 더불어 훌륭한 외교관이 되기 위해서는 주재국이 아닌 국가들의 국경문제에 관해서도 알아야 한다는 것을 새삼 알게 되었다.

이스트리아 반도 항구도시 리예카에서
아드리아 해 문어를 먹다

우리는 크로아티아의 제1항구 도시 스플리트(Split)를 향해 가는 길에 제2의 항구도시 리예카(Rijeka)에서 점심을 했다. 푸른 아드리아 해가 보이는 해변을 달리면서 어찌 아드리아 해의 해산물 요리를 먹어야겠다는 생각을 하지 않을 수 있겠는가?

우선 크로아티아의 지리와 지방에 관해 간단히 소개하고자 한다. 크로아티아는 해양공화국 베네치아가 위치한 서아드리아 해 건너편의 긴 해안과 많은 섬들 그리고 자그레브가 소재한 대평원으로 흡사 '부메랑'의 모양을 하고 있는 나라이다. 슬로베니아를 건너 첫 번째로 만나는 지방은 이스트리아(Istria)이고 이스트리아 반도 끝에는 로마제국이 건설한 거대한 원형경기장이 있는 고도 풀라(Pula)가 있으며 이스트리아 반도의 최북단이자 크바르네르 만(Kvarner Bay)의 제일 깊숙한 곳에 항구도시 리예카가 있다. 리예카 항구와 크바르네르만 해변을 따라 한참 내려오면 크로아티아 해적들이 로마, 베네치아, 오스만제국, 합스부르크와 생존을 건 쟁투를 벌였던 달마티아(Dalmatia) 지방을 만나게 된다. 크로아티아 달마티아 지방의 높은 해변 언덕은 아드리아 해의 건조하고 맑은 기후로 형성된 흰 돌과 그 틈에서 자란 검은색의 해양성 침엽수와 덤불이 어우러져 달마티안(개의 한 품종)의 얼룩과 매우 흡사했다. 중요한 것은 달마티아가 수천만 년 전에 먼저 생성되었고 그 이후 달마티안의 이름이 지어진 것이라는 점이다. 그러나 많은 사람들이 그 인과관계를 거꾸로 보고 태초에 달마티안이 있었고, 그 형상을 한 달마티아 돌과 나무 언덕이 생겼다고 이야기한다. 참으로 어처구니없는 이야기이다.

리예카는 크로아티아의 최대 항구도시이자 거주민이 3번째로 많은 대도시이다. 항구에 들어서니 부두에는 거대한 조선소가 있었고, 대형 크레인이 부지런히 화물을 옮기고 있었다. 현대식의 항구도시이자 산업도시이지만 로마의 아우구스투스 황제 시절부터 시작된 오랜 역사를 가지고 있는 도시로 고색적인 건물들이 많아 이색적이었다.

우리는 시청 근처 해변에 있는 전망 좋은 레스토랑에서 크로아티아 와인을 곁들인 해물요리를 먹었다. 해물은 주로 송어와 홍합, 그리고 문어였는데, 특히 문어는 우리나라 동해안에서 잡히는 것과 비슷한 크기로 한 번 삶은 뒤 올리브오일에 튀겨 다시 삶은 듯했는데 한국에서 살짝 데쳐 먹는 문어와는 다른 독특한 맛이 났다. 어디서나 그렇듯이 해산물은 원재료가 살아있으면 어지간히 요리해도 맛있기 마련이다. 더구나 우리는 긴 이동으로 매우 허기진 상태였다. 싱싱한 해산물 요리에 와인까지 곁들이니 온 세상을 가진 듯 행복감이 몰려왔다.

여행은 역시 먹는 재미이다. 금강산도 식후경이라 했듯이 음식이 먼저고 승경을 즐기는 것은 그 다음이라. 다시금 소동파 《후적벽부》에 나오는 "有客無酒, 有酒無肴"(객이 있으면 술이 없고, 술이 있으면 안주가 없으니) 라는 구절이 생각났다.

소동파가 "술은 있는데 고기안주가11) 없구나"라고 한탄하는데, 적벽으로 찾아온 객이 "그물을 가지고 적벽 강에 내려가 큰 농어를 하나 낚았는데 어디 술 얻을 곳 없소?"라고 이야기했다. 소동파가 내실로 들어와 아내와 상의하니, 그의 아내가 "술 한 말을 가지고 있는데 저장한 지 오래 되어 잘 익었습니다. 언젠가 당신에게 필요할 때가 있으리라 생각해서 보관하고 있었는데 이제 이 술이 임자를 찾았구려. 그러니 이제 술과 생선을 들고 적벽 강으로 내려가 손님과 더불어 풍류를 즐기세요"라고 하여 소동파와 객이 적벽으로 내려갔더니 강물은 소리 내어 흐르고 높은 절벽은 천척이었더라(江流有聲, 斷岸千尺).12)

소동파의 부인은 《후적벽부》에 나오는 이 구절로 천하의 주당들이 가장 선호하는 유형의 아내가 되었다. 그러나 나는 한편으로는 남편의 건강을 진정으로 염려하는 부인이라면 그러지 말아야 하지 않을까 하는 생각도 든다. 그러나 내 소견이 짧았음을 이내 깨달았다. 사대부 부인의 예절과 교양을 교육받은 소동파의 부인이 매일같이 남편에게 술을 주었을 리가 없다. '술 한 말을 담가 소동파 몰래 오래 저장해두었다'는 구절에서 알 수 있듯이 남편에게 매일 술과 안주를 낸 것이 아니라 정말 필요할 때 술을 냄으로써 천하의 소동파를 감동시킨 동시에 그의 풍류와 건강까지 배려한 아내로서의 지혜를 발휘한 것이다.

달마티아 연안 해적 이야기

리예카에서 거하게 식사를 하고나니 식곤증이 몰려왔다. 미안하지만 두 여인에게 운전대와 조수석을 맡기고 김 교수와 나는 뒷좌석에 앉아 오수를 즐겼다. 우리는 이스트리아와 카바르나 해변 길을 달려 주요

행선지인 달마티아 지방으로 들어가고 있었다.

그러는 중에 내가 가고 싶었던 이스트리아 지역에서 가장 유명한 해적의 전진기지이자 요새였던 센(Senj)을 지나치고 말았다. 직접 가지는 못했지만 센에 대해 간단히 소개하고자 한다. 센은 로마 시대부터 로마인들이 거주하던 도시였는데 중세에 들어오면서 이슬람 국가인 터키(오스만제국)의 박해로부터 피난을 온 기독교인들의 주요거점도시 중 한 곳이 되었다. 13) 망명기독교도들인 우스콕스(Uskoks)들은 1526년 모하치 전투(Battle of Mohacs, 헝가리 왕국과 오스만제국의 전투)에서 게릴라전을 펼쳐 오스트리아 합스부르크 군의 승리에 기여하였다. 1537년 오스만제국이 다른 거점도시인 킬리스를 정복하자 많은 유스콕스들은 센으로 피난하였다. 그들은 처음에는 합스부르크 왕국을 도와 오스만제국과의 게릴라를 벌였으나 오스트리아가 전쟁을 늦추자 해적이 되어 아드리아 해변을 노략했다. 1617년 베네치아와 오스만제국 간의 전쟁이 끝나자 오스만제국 황제는 우스콕스들을 아드리아 해에서 크로아티아 내륙 자그레브의 서쪽으로 강제 이주시켰다.

센의 험준한 네하이 요새(Tvrđava Nehaj)는 해적의 본거지 중 하나였지만 크로아티아 해적은 킬리스를 포함해 달마티아 해안을 본거지로 비잔티움 제국, 베네치아, 오스만제국, 오스트리아의 상선대를 약탈하여 생계를 유지했다. 달마티아 지역이 크로아티아 해적의 주요거점이었던 이유는 해안이 매우 들쭉날쭉하고 주변에 크고 작은 섬들이 많아 베네치아 상선대의 공격으로부터 안전하게 숨기에 최적인 조건을 갖추고 있었기 때문이다.

아드리아 해의 해적은 우스콕스 해적보다 훨씬 오래된 역사를 가지고 있다. 노암 촘스키가 인용한 성 아우구스티누스의 이야기를 보면 달마티아 해적의 역사는 1세기 그리스 알렉산더 대왕까지 거슬러 올라 간다(촘스키, 2003).

촘스키는 《해적과 제왕》에서 아래와 같이 알렉산더 대왕과 해적의 대화를 인용하였다(촘스키, 2004).

성 아우구스티누스는 《신국론》에서 알렉산더 대왕과 해적의 비유를 들 어 국가의 본질에 대해 말한 바 있다. 노략질을 일삼던 해적이 알렉산더 대왕에게 사로잡혀왔다. 알렉산더 대왕은 해적에게 "넌 어찌하여 감히 나의 바다를 어지럽히느뇨?"라고 꾸짖었다. 그러자 해적은 도리어 당당 하게 말했다. "그러는 당신은 어찌하여 감히 온 세상을 어지럽히는 건가 요? 전 그저 자그만 배 한 척으로 그 짓을 하기 때문에 도둑놈(해적) 소 리를 듣는 것이고, 당신은 거대한 함대를 이끌고 그 짓을 하기 때문에 제 왕이라 불리는 것뿐이외다"라고 대답하였다.

성 아우구스티누스가 인용한 알렉산더 대왕과 해적의 대화에서 보 듯이 달마티아 해적은 그리스 시대부터 아드리아 해와 동지중해를 노 략하고 다녔던 것으로 보인다. 이 예화는 본래 키케로의 《공화국》에 서 나왔고, 성 아우구스티누스가 《신국론》에서 인용한 것이다. 키케 로는 로마공화정의 붕괴를 목전에 두고 《공화국》을 썼고, 아우구스티 누스는 로마제국의 붕괴를 앞두고 《신국론》을 썼지만, 모두 공히 정 의 없는 국가는 해적이나 강도와 다를 바 없다고 경고했다. 키케로와 아우구스티누스의 정의론은 민주공화국 시대인 지금에도 여전히 유효 한 진리이다. 민주주의 아래에서도 '약탈국가'는 항상 출현할 수 있는 것이다.

예수는 헤롯을 여우라고 불렀다. 불의한 권력은 정당성이 전혀 없는 여우와 같다는 말이다. 약탈국가(황제)와 해적은 수단(함대와 배)이 다를 뿐 백성을 죽인다는 점에서 같다는 아우구스티누스의 '정의론'은 2,400년 전 이미 맹자가 이야기했다.

"도적이 살인하는 것과 나쁜 정치가 사람을 죽이는 것은 다릅니까?" (以刃與政 有以異乎, 맹자, 《양혜왕장구》 상) 나쁜 정치는 도적이 칼로 사람을 죽이는 것과 다를 바 없다는 맹자의 경고는 아직도 유효하다. 알렉산더 대왕의 뒤를 이어 동지중해의 안전을 지켜야 할 비잔티움 황제가 해적은 잡지 않고 그 구실로 동지중해 사람들로부터 세금을 강탈하고 노역을 시키는 가혹한 정치(苛政)를 한다면, 비잔티움 황제의 정치는 사람을 죽이는 도적의 칼보다 더 위험하다. 왜냐하면 도적은 칼로 몇 사람을 죽일 수는 있지만, 나쁜 정치는 수많은 사람들을 죽일 수 있기 때문이다. 공자는 '가정맹어호'(苛政猛於虎)라는 정치의 기본 원리를 이야기했다. 공자가 제자들과 함께 태산을 지나고 있는데 한 부인이 길 옆의 무덤가에 앉아 슬피 울고 있어, 공자가 자로를 시켜 그 까닭을 묻게 하니 시아버지, 남편, 그리고 자녀가 차례로 호랑이에게 물려 죽었다는 것이다. 이렇게 무서운 곳에서 왜 아직까지 살고 있느냐고 묻자 부인이 대답했다. "이곳에서 살면 무거운 세금을 내지 않아도 되기 때문입니다." 이 말을 듣고 공자는 "너희들은 이를 가슴에 잘 새겨 두어라. 가혹한 정치가 사람을 잡아먹는 호랑이보다 더욱 두렵다는 것을 말이다"(苛政猛於虎)라고 말했다.

아드리아 해의 달마티아 해적들이 가장 노렸던 상선대는 베네치아의 상선대였다. 그들이 가장 부유한 상선대였기 때문이다. 그리고 지중해로 가던, 동지중해의 레반트 지역(레바논, 시리아, 키프로스, 터키)으로 가던, 이집트로 가던 달마티아 해안을 이용하는 것이 가장 효율적이었기에 해적들은 이 지역에 밀집해 있었다.

해적들의 베네치아 상선대 약탈이 상시적으로 되자 베네치아 공화국은 상선대를 호위하는 함대를 구축하기에 이른다. 서기 천 년경에 베네치아 공화국의 도제(Doge)였던 피에트로 오르세올로 2세(Pietro Orseolo II)가 네레트바(Neretva)에 거점을 둔 아드리아 해적들을 소탕하기 위해 호위함대를 조직하기로 한 것이 달마티아 해적을 척결하려는 첫 시도였다고 기록되어 있다. 베네치아의 달마티아 해적 소탕을 위한 이 호위함대는 동지중해와 아드리아 해의 해상세력 균형을 깨뜨렸다. 베네치아가 해적 소탕을 목적으로 강력한 함대를 조직하기 전까지 아드리아 해와 동지중해의 안전은 비잔티움 제국 황제의 함대가 맡았다. 그러나 비잔티움 제국이 쇠퇴하여 거대한 함대를 유지할 수 없게 되자 992년 비잔티움 제국 황제와 베네치아 공화국의 오르세올로 2세는 동지중해와 아드리아 해의 제해권을 베네치아 공화국에 넘기는 조약을 맺게 된다. 이 조약의 주요내용은 베네치아 공화국은 자주성을 인정받고 비잔티움 제국에 속해 비잔티움 제국 연해에서 베네치아 상인은 자유로운 상업 활동을 보장받고, 콘스탄티노플 항구에 다른 나라의 상선보다 훨씬 저렴한 입항 수수료(다른 나라 상선은 입출항 각각 30솔디인 데 반해 베네치아 상선은 입항 2솔디, 출항 15솔디였다)로 입항할 수 있다는 것이었다. 베네치아는 원교근공(遠交近攻)의 외교 전략으로 가까운 신성로마제국을 멀리하고 먼 곳의 비잔티움 제국과 동맹을 맺음으로써 경제적으로뿐만 아니라 군사적으로도 강국이 되었다.

베네치아가 아드리아 해의 제해권을 장악함으로써 아드리아 해의 슬라브 족 해적들은 상선 약탈을 포기하고 베네치아 공화국 함대와의 대결을 피해 연안을 노략하고 다니는 것으로 전술을 바꾸었고 아드리아 해 연안의 소도시들은 비명을 질렀다. 그들은 정치적으로 비잔티움 령에 속해 있었지만 자기들은 라틴민족이니 비잔티움 제국의 보호는 필요 없고, 같은 민족인 베네치아 공화국에는 보호를 요청하는 것이 당연하다고 생각했다. 비잔티움 황제의 제해권 위임과 아드리아 해 연안 사람들의 요청에 의해 베네치아 공화국은 마침내 해적을 퇴치하고 근절하였다. 그 후 아드리아 해 연안 사람들은 오랫동안 해적의 습격에 떨지 않아도 되었다.

베네치아 공화국의 전성기는 제4차 십자군 원정으로 절정을 이루게 된다. 마르코 폴로를 비롯한 대상인들은 무역활동으로 큰 재산을 축적하였고 호화로운 궁전들과 셀 수 없이 많은 성당들을 건립하는 데 후원을 아끼지 않았다. 1204년의 제4차 십자군 원정은 예루살렘 탈환이 목적이 아니라 콘스탄티노플 정복과 약탈이 목적이었고 베네치아 공화국은 이 원정에서 핵심 역할을 하였다. 베네치아 공화국은 군비를 지원하고 최강의 함대를 제공하였다. 제4차 십자군 원정 시 베네치아 공화국은 전비를 지불했지만, 원정 이후 충분한 보상을 받았고 많은 이익을 남겼다. 마침내 베네치아 공화국에서부터 콘스탄티노플, 시리아, 팔레스타인, 이집트를 잇는 '해상로'가 완성되었고, 베네치아 공화국 상인들은 자국의 영토 혹은 우호국에 설치한 기지를 징검돌을 밟듯이 기항하며 항해하는 것이 가능해졌다.

제4차 십자군 원정으로 서유럽인들이 콘스탄티노플을 손에 넣음으로써 일어난 가장 획기적인 변화는 서유럽 상인들의 흑해 연안 진출일 것이다. 그때까지 비잔티움 제국은 서유럽 상인들은 물론 베네치아 상인들에게도 보스포루스 해협을 통과해서 흑해 연안의 여러 도시와 직접 교역하는 것을 허락하지 않았다. 그래서 서유럽 상인들은 그리스 상인들이 이스탄불까지 실어온 상품을 구매한 뒤 이집트나 서유럽으로 가서 장사를 했다. 그런데 제4차 십자군 원정으로 그 규제가 해금된 것이다. 이후 보스포루스 해협은 이탈리아 해양 도시들의 여러 깃발이 나부끼는 많은 상선대로 북적거렸다.

콘스탄티노플이 함락되자 베네치아 공화국은 콘스탄티노플의 보물인 4마리의 거대한 청동 말을 산 마르코 대성당으로 옮겨왔을 뿐 아니라 수많은 학자들과 예술가들을 피렌체, 베네치아로 대거 데려왔다. 이로 인해 베네치아 공화국은 서유럽과 동유럽의 문화가 완벽히 융합된 찬란한 건축물과 그림, 조각이 탄생하는 중심지가 되었다. 미술사적으로 본다면 베네치아 화파가 탄생하였고, 벨리니, 카르파초, 조르조네, 티치아노, 틴토레토, 베로네제 등의 화가들을 배출하였다.

인구가 10만에 불과한 도시국가 베네치아 공화국은 이렇게 지중해 시대의 패자가 될 수 있었다. 그러나 달이 차면 기울 듯이 한 나라의 전성기는 한 나라의 쇠퇴와 쇠망의 시작이기도 하다. 베네치아는 경쟁 도시국가인 제노바와 제해권을 두고 쟁패를 거듭하다가 결국 두 도시국가 모두 쇠퇴하고 말았다. 그 후 1571년 오스만제국과의 레판토 해전에서 서구 신성동맹 연합군(스페인, 베네치아, 오스트리아, 교황 직할령)을 주도하는 역할을 함으로써 베네치아의 영광은 회복되었으나, 그

회복은 짧았고 지중해 시대에서 대서양 시대로 넘어가면서 1797년 오스트리아령에 속했다가, 1866년 이탈리아 왕국에 통합되었다. 역설적인 사실은, 베네치아 공화국 해군이 레판토 해전을 승리로 이끈 것은 과거 숙적이던 달마티아 해적선들이 베네치아, 스페인, 오스트리아, 교황령국가들을 도와 오스만제국의 해군을 격파하는 데 기여했기 때문이라는 것이다.

흐바르 섬의 라벤더 향기는 바람에 날리고

센에서부터는 아름다운 해안 길을 포기하고 내륙의 고속도로를 타고 고도(古都) 스플리트의 항구로 이동해 생선요리를 먹고 나서 흐바르(Hvar) 섬으로 가는 카페리 출발지인 드르베니크(Drvenik)로 향했다. 달마티아 해적들의 거점 중 하나인 흐바르 섬으로 가기 위해서는 드르베니크에서 카페리(car ferry)를 타야 한다. 우리는 드르베니크 카페리를 놓치지 않기 위해 부지런히 차를 몰았다. 흐바르 섬으로 가기 위해서는 아드리아 해의 보석인 세 도시(스플리트, 시베니크, 자다르)를 거쳐야 하는데, 스플리트 항구에만 잠시 들러 점심을 하고 드르베니크로 떠난 것이다. 스플리트 항구의 한 골목에 있는 식당에 사람들이 무척이나 몰려있기에 유명한 식당인가 보구나 하고 우리는 그곳으로 향했다. 역시 예상했던 대로 음식 맛은 뛰어났다. 해물 스파게티, 칼라마리(calamari, 오징어 요리) 구이와 튀김, 그리고 스테이크를 먹었는데, 명불허전, 그 맛은 일품이었다.

드르베니크에 도착하니 승선하기 위해 벌써부터 차들이 줄지어 대기하고 있었다. 그런데 우리는 줄을 잘못 서는 바람에 한참을 기다린 후에 다시 맨 뒷줄로 이동해야 하는 불상사를 겪었다. 그러나 즐거운 마음으로 이동하기로 한다. 그런데 하필이면 승선이 우리 앞에서 끝나는 게 아닌가. 우리는 다시 40분 정도를 기다려야 했지만 저 멀리 수평선이 보이는 탁 트인 바다를 바라보니 짜증이 났던 마음도 금세 풀려 오히려 그 시간도 소중하게 느껴졌다.

흐바르 섬은 한때 달마티아 해적들의 기지였지만 지금은 세계에서 가장 아름다운 5대 섬 중 하나로 선정될 만큼 아름다운 해변과 언덕, 그리고 라벤더(Lavenda), 퀸 앤즈 레이스(Queen Anne's Lace)와 같은 야생화들이 합창하듯 피어있는 들판이 펼쳐진 곳이다. 곳곳에는 제라늄 화분이 늘어서 있는 호텔들이 있고, 아드리아 해송, 지중해 사이프러스, 그리고 로마 소나무들이 잘 어우러져 있다. 드르베니크에서 출발한 카페리는 흐바르 섬의 스쿠라이(Sucuraj)에 도착하였고, 우리는 스쿠라이에서 바로 차를 몰아 흐바르 섬의 꼬불꼬불한 능선을 돌고 돌아 서쪽 끝에 있는 숙소로 향했다. 옛날 해적들이 흐바르 섬의 꼭대기에서 베네치아 상선대가 아드리아 해를 지나고 있는지 정찰하고 흐바르 항에 정박해 있는 해적선에 신호탄을 보냈을 것을 생각하니 오싹하면서도 해적선 영화의 한 신(scene)에 들어와 있는 착각이 일어났다. 우리는 요트들이 정박해 있는 아름다운 만(bay)이 있는 젤사(Jelsa) 부근의 호텔에서 1박을 하였다. 그 호텔은 코발트색의 만과 요트 정박장, 그리고 울창한 지중해 소나무를 배경삼아 '정숙한 아름다움'을 풍기는 건물이었다. 우리는 그날 저녁 발코니에서 와인을 마시며 흐바

한때 달마티아 해적들의 기지였던 흐바르 섬의 정박장 ⓒ 임혁백

르 섬을 감상하였다. 해가 길어 밤 9시가 넘어서야 석양이 깔리기 시작했다.

흐바르 섬은 향이 좋은 라벤더가 많이 피는 섬이다. 그 덕분에 아드리아 해의 보석이라는 명성을 얻게 되었다고 한다. 섬 곳곳에는 제주도의 유채꽃처럼 자연산 라벤더의 군집이 물결처럼 펼쳐져 있었고 그 물결은 우리의 눈과 코를 즐겁게 했다. 라벤더는 원래 흐바르 섬의 야생화였는데 1930년대 대공황기에 흐바르 섬 당국이 수입을 늘리기 위해 환금작물로 대량 생산하여 라벤더의 각종 추출물을 수출하였다고 한다. 흐바르 섬의 경제는 기적적으로 성장하였지만 이후 라벤더 재배는 점차 줄었고 연이은 산불로 인해 재배지역 대부분이 훼손되었다고

흐바르 섬의 퀸 앤즈 레이스 ⓒ 임혁백

흐바르 섬의 라벤더 ⓒ 임혁백

한다. 현재 가꾸어지는 라벤더는 관광객 유치와 꽃가루 및 향유 생산을 위해 당국에서 심어놓은 것이라고 한다. 라벤더는 꽃, 열매, 줄기 그 어느 것 하나도 버릴 것이 없는, 아름다우면서 쓸모가 많은 꽃이다. 먼저 라벤더 오일은 향이 좋아 향수, 비누 등의 재료로 쓰이며 아로마 요법으로도 사용된다. 아로마 요법의 경우 향을 이용해 신경을 자극하여 뇌뿐 아니라 몸의 기능까지 활성화한다. 그리고 항생, 방부, 진정 등의 효과가 있어 천연 약품으로도 사용되고 이 모든 효과를 보면서 향기로운 대화까지 나누게 하는 차(茶)로도 사용되니 여러모로 매우 고마운 꽃이다. 광활한 라벤더 꽃밭에서 이제 막 피기 시작한 라벤더의 향이 흐바르 섬의 바람에 의해 퍼지고 있었다. 우리는 라벤더 향에 취해 그동안의 피로를 말끔히 씻어내었다. 그러다보니 자연스레 마스카니(Pietro Mascagni)의 오페라 〈카발레리아 루스티카나〉(*Cavalleria Rusticana*) 도입부에 나오는 혼성합창 '오렌지 꽃향기는 바람에 날리고'가 떠올라 나도 모르게 흥얼거렸다.

(마을여성들)
오렌지 꽃향기는 바람에 날리고
꽃잎은 사방에 푸르러
활짝 피어 있는 꽃 속에서
새들은 즐겁게 노래하네
아름다운 사랑이 피어나는 계절에
부드러운 노래 정답게 속삭이네

(마을남성들)

황금빛이 파도치는 들판에

저 멀리 실 잣는 노래 들려오네

피곤한 몸 쉬고 있을 때

오! 아름다운 아가씨

즐거운 내 마음은 춤을 추며

그대 가슴에 불타는 사랑을 안겨주려나

새가 연인의 부름에 날아오듯이

(마을여성들)

농사일을 마치고 오늘은 하나님께

감사하는 아침이네

아름다운 사랑이 피어나는 계절에

부드러운 노래 정답게 속삭이네

(마을남성과 여성들)

황금빛이 파도치는 들판에

오렌지 꽃향기는 바람에 날리고

피에트로 마스카니, '오렌지 향기는 바람에 날리고'

오렌지 꽃을 라벤더로 바꾸어도 이상할 것 없는 마스카니의 〈카발레리아 루스티카나〉에 나오는 합창곡이다. 흐바르 섬 들판에 파도치듯이 피어 있는 라벤더 꽃의 물결은 그곳을 지나는 과객인 우리들도 전염시켜 사랑과 감사의 마음을 불러일으켰다.

그리고 흐바르 섬에서 새로이 알게 된 '퀸 앤즈 레이스'라는 꽃은 그 모양이 흡사 중세에 귀족여성들이 장식으로 달고 다녔던 레이스를 닮아 있었다. 나는 곳곳에 피어 있는 퀸 앤즈 레이스를 보며 '퀸 앤'이 영국 헨리 8세의 앤 불린(Anne Boleyn)이 아닐까 하는 추측을 해보았다. 그런데 검색을 해보니 퀸 앤즈 레이스의 '퀸 앤'은 영국의 앤(Anne) 여왕이었다. 앤 여왕이 바느질을 하다 손가락이 바늘에 찔려 하얀 레이스에 핏방울을 떨어뜨린 일이 있었는데 이 일화로부터 지어진 것이라고 한다. 퀸 앤즈 레이스는 당근과로 2년마다 야생 당근이 열린다. 로마인들은 이를 채소로 먹으며, 개척 시대의 미국인들은 뿌리를 삶아서 먹었고, 와인을 만들 때에는 향료로도 사용하기도 했다고 한다. 퀸 앤즈 레이스의 뿌리에는 당분이 많아 아일랜드인, 힌두인, 유대인들은 설탕 대용으로 음식에 넣었다고도 한다.

이틀 동안 흐바르 섬에서 라벤더 향에 취하고, 퀸 앤즈 레이스의 우아함에 넋을 잃었다. 그리고 아름다운 해변에 발을 담그며 휴식을 취하고, 붉게 물드는 석양을 바라보며 와인을 즐기는 황홀한 시간을 보냈다. 우리는 스쿠라이에서 하루를 더 보내고 드르베니크로 돌아와 크로아티아에서 제일가는 관광지 두브로브니크(Dubrovnik)로 향했다.

'아드리아 해의 진주' 두브로브니크

우리는 드르베니크에서 차를 몰아 크로아티아 남단에 있는 '아드리아 해의 진주'로 불리는 고도(古都) 두브로브니크에 도착하였다. 두브로브니크는 작은 도시이지만 성벽으로 둘러싸여 붉은색 지붕을 한 집들과 여러 상점들이 즐비한 곳으로, 도시 전체가 유네스코 세계문화유산으로 지정된 크로아티아 제일의 관광명소이자 경승지이다.

내비게이션이 알려준 대로 꼬불꼬불한 길을 따라 올라가 예약한 호텔에 도착하니 2층 테라스에서 밖을 내다보던 흰 수염의 늙수그레한 장년 주인이 내려와 우리를 반갑게 맞아주었다. 친절하게도 그는 우리의 짐을 방까지 옮겨주었다.

조금 수다스러운 인물이었지만, 그는 우리가 여행길에서 만난 호텔 주인 중 가장 친절했다. 그는 내일 아침은 호텔 뷔페를 이용하는 것이 저렴한 가격에 음식을 풍부히 먹을 수 있다고 알려주면서, 구시가지로 갈 때는 걸어가되 올 때는 성문 앞의 버스정거장에 택시가 많으니 거기서 택시를 타고 오는 것이 좋다고 설명해 주었다. 더불어 택시기사가 미터기가 있어도 작동시키지 않기 때문에 출발 전에 택시비를 흥정해야 하고, 성문에서 호텔까지는 50쿠나(크로아티아 화폐) 이상을 내서는 안 된다며 묻지 않은 정보까지 주었다.

호텔 주인이 알려준 대로 우리는 걸어서 구시가지로 이동했다. 거리에는 베란다에 붉은 제라늄을 걸어놓은 호텔들과 고색창연한 건물들이 이어져 걷는 내내 눈이 즐거웠다. 좀더 걸어 두브로브니크대학교를 지나니 성벽과 해자, 석교, 그리고 아치형으로 된 이중문(*Pile Gate*, 필

아드리아 해의 진주라 불리는 두브로브니크의 전경 ⓒ 임혁백

레 게이트)이 보였다. 그 주변으로는 로브리예나츠(Lovrijenac), 보카르(Bokar), 성 요한(St. John's), 민세타(Minceta) 4개의 요새가 두브로브니크를 감싸고 있었다. 두브로브니크의 통치자들은 유럽의 유명 건축가들을 초빙하여 그 어떤 외부의 공격에도 견딜 수 있는 난공불락의 성곽도시를 건설한 것이다.

두브로브니크는 원래 고대 그리스 선원들이 세운 도시국가였다(Nicetic, 1996). 두브로브니크라는 이름은 크로아티아 사람들이 부르는 이름이고, 로마 시대부터 외지 사람들은 라구자(Ragusa)라고 불렀다. 두브로브니크는 비잔티움 제국 시대에 비잔티움 제국의 보호령이 되었고 달마티아 지역의 중심도시가 되었다. 자다르(Zadar), 스플리트, 트로기르(Trogir)와 같은 달마티아 해변 도시, 크레스(Cres), 라브(Rab) 와 같은 아드리아 해의 섬들이 모두 비잔티움 제국의 달마티아 지배 영역이었다. 베네치아 공화국의 전성기를 연 도제 피에트로 오르세올로 2세는 서기 1000년 크로아티아를 침공한 뒤 스스로 달마티아 공작이 되었고 비잔티움 제국 황제의 인가를 받았다. 그러나 두브로브니크는 비잔티움 제국의 수도 이스탄불(콘스탄티노플) 은 물론 베네치아와 그 영향 아래에 있던 피사, 아말피, 안코나와 독자적인 해상교역을 계속하여 부를 축적할 수 있었다. 그러나 베네치아가 제4차 십자군 원정을 주도하고 비잔티움 제국을 함락한 뒤, 자다르를 점령 지배하였다. 베네치아의 위압에 눌려 두브로브니크는 베네치아 공화국의 영향권임을 자인하였고 두브로브니크가 베네치아 공화국의 주권하에 있다는 것을 받아들였다(1205~1358). 두브로브니크는 정치보다는 상업에 치중하였다. 두브로브니크가 이윤이 많이 나는 해상교역을 튀니지(Tunisie), 이집트, 시리아와 같은 지중해 국가뿐 아니라 흑해연안 도시국가와 활발히 전개하자 베네치아 공화국의 영향력은 줄어들었다. 두브로브니크 공화국은 이탈리아의 연안 해양도시인 베네치아, 안코나, 피렌체, 나폴리, 시칠리아와 활발히 교역활동을 벌였고 동서양 간의 교역을 중재하는 중개기지가 되었다. 상업으로 축적한 부를 바탕으로 두브로브니크는 헝가리와 연합하여 베네치아 공화국과의 전쟁을 벌였고 1358년 자다르 평화조약으로 두브로브니크는 헝가리-크로아티아 왕국의 일부를 형성함으로써 사실상 독립을 쟁취하였다. 두브로브니크는 헝가리의 종주국(宗主國) 임을 인정하였지만 의회와 원로원이 지배하는 독립된 도시공화국이 된 것이다(Gazi, 1973: 87~92).

당시 두브로브니크는 권력, 영광, 번영을 누렸다. 도시인구는 4만에 달했고, 두브로브니크의 상선대는 레반트에서 스페인, 잉글랜드까지 교역영역을 넓혀 나갔다. 두브로브니크는 발칸반도에 직물, 비누, 은제품, 무기, 교회의 종 그리고 선박을 공급하는 큰 손이었다. 그러나 이러한 번영은 지중해 시대가 대서양 시대로 옮아가면서 시들었다. 1526년 헝가리-크로아티아 왕국이 몰락하자 두브로브니크는 오스만제국의 보호령이 되었다. 정치적으로는 몰락했지만 두브로브니크 상인들의 활동은 여전히 활발했고 발칸반도와 이스탄불로 교역영역을 넓혔다. 두브로브니크는 이러한 상업적 영향력으로 오스만제국 영토 내에서 '평화와 자유의 오아시스'로 남았다. 당시 유명한 극작가 이반 군둘리치(Ivan Franov Gundulić)는 두브로브니크의 자유를 찬양하는 〈두브라프카〉(Dubravka)란 목가극을 썼다. 1667년에는 대지진이 일어나 많은 건축물과 교회가 파괴되고 4천 명이라는 사망자를 내었다. 이는 두브로브니크의 쇠퇴를 상징하는 재앙의 시작이었다. 그 후 1699년 두브로브니크는 오스만제국에 보스니아 헤르체코비나를 매각하였고, 1806년 나폴레옹 군의 공격으로 멸망하였다. 프랑스령이 된 두브로브니크는 1914년 영국-오스트리아 연합군의 점령지로 바뀌었고 1918년 제1차 세계대전이 끝나고 합스부르크 왕국이 종말을 고할 때까지 오스트리아의 달마티아 영역의 일부로 남아있었다.

두브로브니크의 이중 성문을 지나 성안으로 들어가면 오노프리오(Onofrio) 분수를 만나게 된다. 대리석의 스트라둔(stradun) 거리 옆에는 오노프리오 분수에서부터 수로가 이어져 있다. 이는 오노프리오가 대분수를 설계할 때 도시 미화뿐 아니라 식수를 공급한다는 목적도 염두에 두고 있었음을 보여주는 것이다. 이를 위해서 오노프리오는 두브

두브로브니크 대성당 ⓒ 임혁백

로바츠카(Dubrovacka)에 있는 우물에서 물을 끌어오도록 설계했다.

공공건물과 교회는 스트라둔 거리의 동쪽 끝인 올란도(Orlando) 광장에 몰려 있다. 상징 건물인 종탑은 거리 정면 끝에 우뚝 서 있고, 오른편에는 두브로브니크 공화국의 상원, 하원이 있었던 렉터 궁(Rector's Palace) 14)과 성 블레이스(St. Blaise) 교회, 그리고 대성당이 있다. 종탑 왼편에는 스폰자 궁(Sponza Palace)과 도미니크 수도회 그리고 시너고그(Synagogue, 유대교 회당)가 있다. 구시가지의 구성을 보면 이 공화국이 오래전에 양원제 의회를 가진 선진 민주공화국이었으며, 가톨릭뿐 아니라 개신교, 제수 교회, 유대교, 도미니크 수도회와 같은 교조적 기독교가 공존하였던 종교적 다원주의와 관용의 도시였다는 것을 알 수 있다.

크로아티아 전쟁과 두브로브니크 포위

그러나 두브로브니크의 종교적 관용과 공존은 두브로브니크의 노력만으로는 유지될 수 없다는 것이 1991년 세르비아의 '두브로브니크 포위와 공격' 그리고 발칸반도의 인종청소, 종족갈등에서 기원한 분리주의 운동에 의해 증명되었다. 정치학에서는 이러한 분리주의, 분열주의 정치를 정치의 '발칸화'라고 부른다. 발칸반도는 오래전부터 유럽의 화약고였다. 그런데 그 화약고에 불을 붙인 것이 민족 간의 갈등이었다. 제1차 발칸전쟁은 그리스, 세르비아, 불가리아, 몬테네그로로 이루어진 '발칸동맹'(Balkan League)이 1912년 10월 8일 오스만제국을 공격함으로써 발발했고 발칸동맹의 승리로 끝났으나, 런던에서의 강화조약에서 발칸반도 내의 국경이 명확하게 규정되지 않자 제2차 발칸전쟁이 일어나게 된다. 이 전쟁은 불가리아의 왕이 과거 발칸동맹의 동맹국이었던 세르비아와 그리스를 침공함으로써(1913년 6월 29일) 시작되었다. 다시금 발칸반도의 여러 소국들과 오스만제국 간의 전쟁이 시작된 것이다. 불가리아는 연전연패하였고 발칸반도의 지도는 다시 재조정되었다.

제2차 발칸전쟁으로 불가리아의 후원자였던 러시아가 독일과 오스트리아의 중부유럽동맹에 대항해 세르비아를 적극적으로 지지하자, 독일과 오스트리아는 러시아에 등을 돌리게 되었고 제1차 세계대전의 대진표가 완성되었다. 문제는 누가 먼저 전쟁의 방아쇠를 당길 것인가 하는 것이었다. 마침내 세르비아가 방아쇠를 당겼다. 1914년 세르비아의 한 민족주의자가 오스트리아의 프란츠 페르디난트(Franz Ferdinand) 황태자와 황태비를 암살한 것이다. 이후 독일, 오스트리아, 이탈리아의 삼국동맹과 프랑스, 영국, 러시아의 삼국협상이 대립하면서 세계적 규모의 전쟁으로 이어졌고 종전 후 발칸반도에는 영토 재조정이 있었다. 제2차 세계대전 이후 발칸반도의 지도자 티토는 소련의 도움으로 이탈리아가 지배해온 트리에스테 지역 중 트리에스테 시를 제외한 그 외 지역 모두를 반환받았고 영토분쟁을 마무리하여 발칸반도를 유고연방으로 통일하였다.

반면 발칸반도의 종족, 인종문제는 잠복하고 있었다. 동유럽 사회주의 국가들의 몰락과 소련의 해체는 잠복된 민족주의, 종족갈등, 영토분쟁을 재연시켰다. 동유럽 사회주의 국가들의 붕괴와 민주화가 유고연방에 도달하면서 민주화는 원심적 분리주의 운동으로 변질되었고 제3차 발칸전쟁이 발발하였다. 유고연방이 동유럽 사회주의의 붕괴와 민주화 이후 6개의 공화국(세르비아, 크로아티아, 보스니아 헤르체코비나, 몬테네그로, 슬로베니아, 마케도니아)과 2개의 세르비아 자치주(보이보디나, 코소보)로 분리되었다. 크로아티아와 슬로베니아가 먼저 독립을 선언하였고, 보스니아, 코소보, 마케세도니아가 그 뒤를 따랐다. 그런데 유고연방의 최강자인 세르비아가 분리된 국가들과의 영토 경계선을 두고 불만을 표시하였고 급기야는 이웃 국가들을 침공하였다.

세르비아와 크로아티아에 의한 제3차 발칸전쟁은15) 1991년 세르비아의 슬로베니아와 크로아티아 침공으로 시작되었고, 주 전쟁은 크로아티아에서 벌어졌다. 두브로브니크는 세르비아 군의 크로아티아 침공으로 희생되었다. 1992년 크로아티아 침공은 국제 연합의 개입으로 일단락되었지만, 세르비아는 보스니아를 공격하였고 회교도가 많은 보스니아에서 라틴문자를 사용하는 크로아티아 군과 슬라브 문자를 사용하는 세르비아 군인들에 의한 보스니아 회교도들의 '인종청소'(*ethnic cleansing*)는 1992년에 시작되어 3년 반이나 지속되다가 1995년에 종결되어 국제적으로 공인된 보스니아 헤르체코비나 국가가 탄생하였다. 그러나 유고연방의 침략자 세르비아는 여기서 멈추지 않았다. 1999년에 코소보에서 다시 인종청소 전쟁을 벌였고 수많은 사상자가 발생하자 NATO(북대서양조약기구) 군이 개입하여 세르비아 군을 격퇴시켰고 세르비아의 독재자 슬로보단 밀로셰비치는 재판에 회부되어 처형당했다. 이후 발칸반도에는 다시 평화가 찾아왔으나 종족전쟁이 남긴 상흔과 트라우마는 여전히 발칸반도 사람들에게 남아 그들의 마음을 어지럽히고 있다.

정치의 발칸화를 이해하기 위해서는 발칸반도가 종교적, 종족적, 언어적으로 어떻게 쪼개지면서 불화와 반목을 거듭했는지 그 배경에 대해 알아야 한다. 먼저, 종교적으로 슬로베니아, 크로아티아 사람들은 베네치아 공화국과 오스트리아-헝가리의 합스부르크제국의 정복과 지배의 영향으로 로마 가톨릭 신자가 되었고, 세르비아, 코소보, 몬테네그로, 마케도니아는 비잔티움 제국의 영토가 되거나 그 영향 아래 있었기 때문에 그리스 정교를 믿게 되었으며, 보스니아 헤르체코비나는 오스만제국의 유럽원정 시 오스만제국 병사들과 그에 영향을 받은 주민들이 이슬람으로 개종하여 이슬람교도들이 되었다. 그러나 종족적으로는 슬로베니아, 크로아티아, 몬테네그로, 세르비아, 코소보는 슬라브계이고 보스니아 헤르체코비나는 대부분 무슬림계이며 일부는 세르비아계이고 마케도니아 사람들은 대부분 그리스계 혹은 슬라브계이다. 언어적으로는 대부분이 슬라브어를 사용하지만, 문자의 경우 슬로베니아, 크로아티아는 라틴어 계통의 문자를 사용하고, 나머지는 러시아어계 슬라브 문자를 사용한다. 이렇게 종교, 종족, 언어가 이질적으로 결합하여 발칸반도 사람들은 다중적 정체성을 가지게 되었고 정체성의 동맹이 형성되었다. 종교 갈등이 발생하면 종교균열을 따라 동맹이 형성되었다. 발칸반도에서 전쟁이 일어날 때마다 정체성의 기반이 다른(종족, 종교, 언어) 동맹라인을 형성하여 어제의 동지가 오늘의 적이 되고 동맹국 간의 피비린내 나는 '정체성의 전쟁'으로 이어진 것이다.[16)]

두브로브니크 여정 둘째 날에는 오전은 부부끼리 흩어져 보내고 점심때 성문 앞에서 만나기로 했다. 우리 부부는 장엄하고 견고한 민세타 요새 너머에 있는 케이블카를 타고 스르지(Srđ) 산 정상에 올라갔다. 케이블카 승강장과 하차장은 최근에 다시 지어진 덕분에 시설이 깨끗했다. 우리는 정상에 올라 야외에 만들어진 파티오(patio, 테라스)에서 커피를 마셨다. 커피 맛이 왜 좋은가 했더니 산 아래로 두브로브니크 도시 전체와 아드리아 해의 코발트 빛 바다가 한눈에 들어왔기 때문이었다. 커피나 술은 경승지에서 마셔야 그 맛이 더욱 좋다는 진실을 다시금 확인할 수 있었다.

나폴레옹이 지은 스르지 산의 요새 ⓒ 임혁백

그러나 좋은 커피 맛도 잠깐이었다. 100미터도 안 되는 거리에 있는
요새를 아내는 파티오에 남겨두고 홀로 방문하였는데, 다녀오고 나서
생각해보니 매우 위험한 행동을 했구나 하고 가슴을 쓸어내렸다. 왜냐
하면 그곳은 1991년 세르비아 군의 크로아티아 침공 때 두브로브니크
의 방어요새였고 그때 지뢰를 너무 많이 깔아 현재도 남아 있어 그곳을
갈 때에는 정해진 길로만 다녀야 한다는 경고문이 요새 안내문에 쓰여
있었기 때문이다. 그런데 돌아오는 길에 그 경고문을 잊고 야생화가
피어있는 지름길로 걸어 온 것이다. 지금도 그때 생각만 하면 참 위험
한 순간이었다는 생각이 들어 전율에 떨곤 한다.

　1991년 크로아티아가 유고연방으로부터 독립을 선언하자, 몇 주 만
에 세르비아 군이 크로아티아를 침공했는데 부코바르(Vukovar), 두브

로브니크, 오시예크(Osijek) 등이 세르비아 군의 주요 공격대상이었고 세 도시는 세르비아 군의 폭격과 포격으로 초토화되었다. 1991년 10월 1일 6시 두브로브니크 주민들은 산에서 들려오는 포격소리에 잠에서 깼다. 스르지 산이 첫 번째 공격 대상이었다. 대형 십자가가 파괴되었고 그 옆의 요새로 폭격이 집중되었다. 크로아티아 군은 재빨리 나폴레옹이 1808년 두브로브니크를 정복한 후 구축한 스르지 산의 요새로 이동해 은신하며 반격에 나섰고 세르비아 군대의 진입을 막는 데 성공하였다. 세르비아 군은 진입에 실패하자 두브로브니크 구시가지를 무차별 폭격하였다. 수적으로나 화력에서 열세였던 두브로브니크의 크로아티아 군은 비록 많은 사상자를 내었지만 세르비아 군의 공격을 잘 막아내었다. 세르비아 군은 다른 산의 요새는 모두 장악하였으나 두브로브니크의 스르지 산만큼은 정복하지 못했다. 비록 420명의 사망자, 900명의 부상자, 그리고 3만 명의 피난민이 발생하였지만 크로아티아 군의 8개월간의 대항 덕분에 두브로브니크는 세르비아 군으로부터 해방될 수 있었다.

사람들은 크로아티아 전쟁에서 세르비아 군이 아드리아 해의 진주이자 세계적인 역사유적도시인 두브로브니크를 공격한 순간 세르비아는 패배했다고 이야기한다. 왜냐하면 세르비아가 전 인류에게 소중한 역사도시이자 크로아티아인들의 자부심인 두브로브니크를 파괴함과 동시에 전 세계의 여론이 반세르비아로 돌아섰기 때문이다. 여론을 등에 업는 것은 전쟁을 승리로 이끄는 데 필수적이다. 미국이 막강한 화력, 병력, 병참에도 불구하고 베트남 전쟁에서 패배한 것은 미국 내 여론이 반전으로 돌아섰기 때문이다. "베트남 전쟁에서 미국은 베트남에서가 아니라 워싱턴 D. C.에서 패배했다"라는 말의 의미는 국방을 책임지는 대통령이나 국회의원들이 마음에 새겨둘 대목이다.

1992년 크로아티아에는 평화가 찾아왔고, 짧은 기간에 두브로브니크는 완벽하게 복원되었다. 그러나 목가적인 파라다이스에서 살고 있던 두브로브니크 시민들은 하루아침에 자신이 살던 집과 도시가 산산이 조각나는 아픔을 겪어야 했다. 도시는 복원되었어도 시민들의 마음의 상처는 여전히 치유되지 않고 있다. 스르지 산 정상의 대형 십자가도 복원되었는데, 이 십자가는 가톨릭 신자들이 많은 두브로브니크 시의 상징이었다. 세르비아 군은 이 십자가마저 파괴하는 만행을 저질렀지만 크로아티아 군은 나무로 임시 십자가를 세워 두브로브니크 시민들에게 용기를 주었다(현재는 돌로 만든 대형 십자가로 대체되었다). 2003년 교황 요한 바오로 2세는 당시 무너진 십자가의 조각들을 모아 축복의 기도를 올렸고 현재 그 조각들은 새로 짓는 성당의 건축재로 사용되고 있다고 한다.

아름다우나 가슴 아픈 다리의 도시
모스타르

점심 무렵에 김 교수 부부와 재회한 뒤 두브로브니크를 떠나 보스니아의 모스타르(Mostar)로 향했다. 크로아티아에서 보스니아로 가는 길은 달마티아 언덕길이었다. 달마시안의 얼룩과 비슷한 모습을 한 언덕을 돌고 돌아 보스니아 국경까지 갔는데 사람들이 알려주는 출입국 통제소로 가는 길이 매번 달라 한참을 헤맸다. 알고 보니 크로아티아와 보스니아 사람들이 이용하는 국경 검문소와 외국인이 통과해야 하는 국경 검문소가 서로 다른 위치에 있어 현지인들도 헷갈린 것이다.

모스타르 시내에 있는 호텔에 도착했는데 좁은 골목 안에 위치한 탓에 차를 몰고 들어가 호텔 마당에 주차하는 것이 쉽지 않았다. 그래서 호텔 주인에게 주차를 부탁했더니 그는 능숙하게 차를 몰고 들어왔다. 많이 해본 솜씨였다. 보스니아는 크로아티아에 비해 시골스러워서 그런지 호텔 주인이나 주민들이 촌사람처럼 순박하고 마음씨가 고와 보였다.

우리가 모스타르를 방문한 이유는 스타리 모스트를 보기 위해서였다. '스타리 모스트'는 세상에서 가장 아름다운 다리로 알려져 있다. 언뜻 보기에는 세상에서 가장 아름다운 다리 같지 않지만 이내 그 다리의 아름다움에 빠지게 된다. 우리는 호텔 주인 아들의 안내를 받으며 다리로 이동했다. 스타리 모스트는 1557년 오스만제국 황제의 명으로 짓기 시작하여 9년에 걸쳐 건축된 것으로, 지구상에서 가장 긴 단일 아치 석교이다. 멀리서 보면 아름다운 네레트바(Neretva) 강 위에 무지

세상에서 가장 아름다운 다리라고 알려져 있는 모스타르의 스타리 모스트 ⓒ 임혁백

개가 떠 있는 것 같은 착각을 일으킨다. 게다가 주변의 이슬람 사원과 가톨릭 성당의 첨탑들이 이를 더욱 돋보이게 하여 한동안 눈을 뗄 수 없다. 또한 근처에는 아기자기한 레스토랑과 카페, 각종 기념품 가게들이 있어 지루할 틈이 없다. 베네치아의 리알토 다리와 매우 흡사한 형태로 조금이라도 무거운 차가 지나가면 곧 무너질 듯 보이지만, 지어진 지 400년 후 독일 나치의 탱크들이 이 다리를 지났던 일에서 알 수 있듯이 보기와 다르게 매우 튼튼한 다리이다.

우리는 먼저 강가에 서서 다리를 보았다. 아치 모양의 다리 아래로 맑고 푸른 네레트바 강물이 빠른 속도로 흐르고 있었다. 우리는 다양한 각도에서 다리를 배경삼아 사진을 찍고 다리로 향했다. 다리 위에 올라 탁 트인 풍경과 함께 푸른색의 네레트바 강을 보니 마음까지 상쾌해졌다. 동행한 호텔 주인 아들의 설명으로는 모스타르는 '다리의 파수꾼'이라는 로마어의 모스타리(Mostari)에서 따온 것으로, 현지인들은 '그이'(him)라고도 부른다고 한다. 이처럼 모스타르를 대표하는 건축 혹은 문화는 대부분 오스만제국의 지배 아래 형성된 것이 많다. 게다가 하루에 다섯 번씩 코란이 울려 퍼지는 풍경을 보니 '작은 터키'라는 모스타르의 별명에 저절로 고개가 끄덕여졌다. 우리는 다리 위에서 다양한 문화, 민족, 종교, 그리고 그에 따른 여러 건축물들을 보며 동양과 서양이 이 자리에서 만나는구나 하는 생각을 했다. 그중에서도 특히 이슬람 사원과 가톨릭 성당이 공존하는 모습은 매우 이색적이었다.

스타리 모스트는 1557년 오스만제국 황제의 명으로 짓기 시작하여 9년에 걸쳐 건축되었다고 한다. 모스타르가 오스만제국 황제의 명령으로 지어진 데서 보듯이, 이슬람의 영향력은 보스니아의 많은 슬라브인들로 하여금 이슬람으로 개종하게 하였다. 보스니아는 400년간 오스만제국의 영토였고, 십자군 전쟁에 참가한 무슬림인들이 보스니아에 잔류한 경우가 많았으며, 슬라브인들도 무슬림교도에게 주는 특혜가 많았기 때문에 무슬림으로 개종하였다. 그리하여 오스만제국의 일부가 된 지 150년 만에 보스니아 헤르체코비나 인구의 반이 무슬림이 되었다. 오스만제국이 19세기에 보스니아를 떠난 뒤에도 '보스니악'(Bosniaks)으로 불리는 사람들은 계속 무슬림을 고집하였는데, 대부분의 보스니악은 슬라브인들이다.

스타리 모스트는 오스만제국의 유산이다. 19세기에 오스만제국은 퇴각하였지만 모스타르에 풍부한 건축, 문화, 그리고 종교적 유산을 남겨 오늘의 모스타르를 세계문화유산의 도시로 만들어 주었다.

그러나 1993년 보스니아 전쟁은 이러한 종교적 공존과 평화를 깨뜨렸다. 1992년 4월 1일 보스니아 헤르체코비나의 대통령 아리야(Alija)가 유고연방으로부터 독립을 선언하자 세르비아가 지배하는 유고연방군은 모스타르를 포함한 보스니아 전역의 영토주권을 주장하면서 보스니아로 진입하였다. 4월 3일 세르비아 군은 모스타르 동쪽 끝(구시가지 포함)을 점령하였고 크로아티아와 보스니아인들에게 도시의 서쪽 끝으로 나가도록 강요하였다. 반면 세르비아와 크로아티아는 보스니아 영토를 분할점령하기로 비밀리에 합의했는데 크로아티아는 모스타르를 차지하겠다고 주장하였다. 크로아티아와 보스니아 군은 함께 모스타르로 향했고 이상하게도 세르비아 군은 도시에 있는 산으로 후퇴하였다. 이에 크로아티아와 보스니아인들은 자신들이 도시의 평화를 회복했다고 믿고 도시의 재건에 나섰다. 많은 보스니아인들은 도시 동쪽에 있는 자신의 집으로 돌아왔으나, 크로아티아인들은 수상하게도 계속 서쪽에 머물렀는데 그들이 머문 집들은 산으로 후퇴한 세르비아인들이 비워놓은 집들이었다. 17)

비극은 1993년 5월 9일에 터졌다(5월 9일은 '파시즘에 대한 승리의 날'로써 유고연방의 국가기념일이었다). 그날 모스타르는 크로아티아 군의 포격으로 박살이 났다. 크로아티아가 세르비아와 맺은 비밀협정을 실행에 옮긴 것이다. 20세기 말의 종교전쟁이자 십자군 전쟁이었다. 크로아티아 군은 모스타르를 점령하였고 보스니아인들을 스타리 모스트 동쪽에 있는 집단수용소로 강제 이주시켰다. 그곳은 빠져나갈 수 없는 거대한 게토(ghetto)였다.

보스니아 전쟁과 크로아티아 군의 모스타르 침공으로 스타리 모스트는 총알이 오가는 전장이 되었다. 설상가상으로 1993년 11월 크로아티아 군이 산 정상에서 다리를 포격하자 다리의 목숨이 경각에 달했다. 11월 8일 다리는 직격탄을 맞았고 다음 날 산산조각이 나 강물로 무너져 내렸다. 그런데 다리에 보크사이트(광석의 일종)가 많아 강물은 곧 붉게 물들었는데 이를 본 모르타르 사람들은 '다리의 파수꾼'인 스타리 모스트가 피를 흘리고 있다고 생각하였다. 크로아티아 군의 스타리 모스트 파괴는 모르타르의 세계적인 무슬림 유산을 파괴하여 유럽에 있는 회교도들에 위협을 가하는 상징적인 종교전쟁의 의미도 있다.

보스니아 전쟁이 끝나고 평화가 찾아오자 모르타르 시 지도자들은 450년 전 당시에 사용되었던 기술을 이용해 스타리 모스트를 복원하기 시작하였고 이에 유네스코는 1,300만 달러를 지원하였다. 오랜 시간 끝에 2004년이 되어서야 다리는 복원되었다. 현재 스타리 모스트에서는 다이버 클럽이 주관하는 다이빙 대회가 매년 열린다고 한다.

모스타르의 아름답지만 슬픈 역사를 지닌 스타리 모스트를 보면서 나는 종교전쟁이야말로 인간의 영혼을 가장 타락시키는 매우 더러운 전쟁이고 가장 유혈적인 전쟁이라는 것을 알게 되었다. 모스타르를 침공한 세력은 보스니아의 숙적인 세르비아 군이 아닌 세르비아에 대항해서 공동 전선을 펴왔던 동맹국 크로아티아 군이었다. 크로아티아는 종교적 갈등관계에 있는 보스니아 이슬람교도들을 격리해야 한다는 신념 때문에 정상적인 사고를 하지 못하는 근본주의 기독교 광신도들이었다. 그래서 그들은 2년 전에 자신들을 침략했던 세르비아와 손을 잡고 모스타르를 침공한 것이다. 역사상 가장 많은 사상자를 낸 전쟁은 대부분 종교, 종족, 인종과 같은 정체성, 혈통을 둘러싸고 벌어지는 전쟁들이다. 십자군 전쟁, 30년 전쟁, 위그노 전쟁 등이 그러한 전쟁의 예이다. 이와는 반대로 계급전쟁은 그렇게 많은 사상자를 내지 않는다. 왜냐하면 계급전쟁은 타협이 불가능한 정체성을 둘러싸고 벌어지는 종교전쟁과는 달리 계급 간에 이익을 나누는 타협이 가능한 전쟁이기 때문이다. 역사적으로 유혈적이었던 계급전쟁은 1871년의 파리코뮌(Paris Commune) 밖에 없다. 마르크스는 파리코뮌을 계급전쟁의 전형이라고 불렀는데, 이 전쟁으로 인해 7,400명 정도가 사망하였다고 한다.

로마황제 디오클레티아누스 이궁의 도시
스플리트

모스타르를 뒤로 하고 아드리아 해의 세 보석 도시, 스플리트, 시베니크, 자다르를 차례로 만나기 위해 한혈마 볼보를 몰았다. 첫 번째로 만난 스플리트는 이미 흐바르 섬으로 가는 길에 잠깐 들러 점심을 먹은 적이 있는 도시이다.

왜 스플리트를 다시 가는가? 그것은 스플리트가 크로아티아 제2의 도시이기 때문이 아니라, 스플리트를 보지 않고는 디오클레티아누스의 이궁(離宮)과 동로마제국의 탄생을 이해할 수 없기 때문이다. 스플리트에는 로마황제 디오클레티아누스(Gaius aurelius Valerius Diocletianus,

한혈마

한혈마(汗血馬)는 피가 차기 때문에 빠른 속도로 만 리(실제로는 천 리)를 뛸 수 있는 명마로서 항우의 오추마(烏騅馬)나 관우의 적토마(赤兔馬)가 한혈마이다. 두보는 〈고도호총마행〉(高都護驄馬行)이라는 시에서 고구려 출신 안서도호로서 파미르 고원을 넘어 서역을 정벌한 고선지 장군의 말을 한혈마라 불렀다.

"安西都護胡青驄 … 萬里方看汗流血"

(안서도호 고선지 장군의 푸른 호마 … 만 리를 뛰는 한혈마를 이제 보았네)

244~311)가 말년에 병이 들어 황제의 자리에서 물러나 노후를 보낸 이궁이 있다. 달마티아 지역 출신인 디오클레티아누스 황제는 자신의 고향인 달마티아 지역의 스플리트에 낙향하여 뼈를 묻고 싶어 이곳에 이궁을 지었다고 한다. 로마제국은 이민족에 대해 매우 관대했기 때문에 달마티아 지역 출신도 황제가 될 수 있었던 것이다. 디오클레티아누스 이후 황제가 된 북아프리카 출신 흑인인 세베루스 장군은 로마제국의 다원주의, 관용, 관대함을 잘 보여주는 예이다. 황제 재위 중에 디오클레티아누스는 권력을 공유하는 덕성을 발휘하여 서기 3세기에 황제 승계를 둘러싸고 일어난 계승의 위기를 극복하고 로마제국을 안정시켰다. 디오클레티아누스 황제는 즉위 1년 뒤에 동료 장군인 막시미아누스를 공동 황제로 임명했고 293년에는 갈레리우스와 콘스탄티누스 1세를 부제(副帝)로 임명했다. 이로써 4명의 황제가 공동통치하는 '사분통치'(四分統治)가 형성되었다.

그러나 디오클레티아누스는 제국과 자신의 권력을 위협하는 세력은 가차 없이 제거하고 숙청하였다. 디오클레티아누스 황제는 부제와 협력하여 사마르티아, 카르피(Carpi), 알라마니(Alamanni), 이집트, 페르시아를 정벌하거나 정복하였다. 그리고 로마의 다원주의 종교를 인정하지 않으면서도 유일신을 믿는 기독교와 유대교에 대해 가혹했는데 303년에서 311년까지 지속된 디오클레티아누스의 기독교 대학살은 그의 지배 아래 가장 대규모의 피비린내 나는 대학살이었다.

디오클레티아누스의 사분통치는 그의 은퇴와 더불어 황제자리를 놓고 벌어진 부제 막시미아누스의 아들 막센티우스(Maxentius)와 공동 황제 콘스탄티누스 1세의 아들 콘스탄티누스(Constantine) 간의 갈등으로 붕괴되고 말았다. 디오클레티아누스의 병이 깊어지자 공동 황제였던 갈레리우스는 디오클레티아누스의 약점을 이용해 그에게 황제 자리에서 물러날 것을 요구하였고, 결국 디오클레티아누스는 305년 5월 황제의 자리에서 물러났다. 이는 황제가 자발적으로 퇴위한 첫 번째 사례이다.

고향인 달마티아의 스플리트로 은퇴하기로 결정한 디오클레티아누스는 거대한 궁전을 짓기 시작했다. 콘스탄티누스 1세와 막시미아누스 간의 갈등이 격화되자 로마시민들은 디오클레티아누스에게 다시 황제직에 복귀할 것을 요구했다. 그러나 디오클레티아누스는 "만약 당신들이 내 손으로 지은 배추를 당신의 황제에게 보여준다면, 그는 끝없는 탐욕의 광풍과 평화와 행복을 맞바꾸라는 제안을 감히 하지 못할 것이다"라고 대답하면서 죽음을 앞두고 자신이 찾은 평화와 행복을 권력과 맞바꾸지 않을 것이라고 하였다. 그 이후 디오클레티아누스는 9년 동안 스플리트에 있는 자신의 이궁에서 휴식을 취했고 311년 12월에 붕어했다.

디오클레티아누스의 역사적 중요성은 그가 은퇴한 후 무력충돌과 내전을 겪은 후 콘스탄티누스 황제가 탄생했다는 것이다. 디오클레티아누스가 퇴위하고 달마티아의 이궁에 은거한 후 황제 자리를 둘러싸고 각종 쟁투가 벌어졌으나 결국 디오클레티아누스 황제 치하에서 공동 황제를 지냈던 콘스탄티누스 1세의 아들 콘스탄티누스와 막시미아누스의 아들 막센티우스 간의 쟁패로 좁혀졌다. 콘스탄티누스와 막시미아누스 간의 최후의 결전은 312년 10월 28일 로마 교외의 테베레 강 위 밀비우스 다리에서 벌어졌다. 콘스탄티누스의 친구이자 《콘스탄티누스의 생애》(*The Life of Constantinus*)라는 전기를 쓴 에우세비오스(Eusebios)에 의하면, 막센티우스와의 결전을 앞두고 콘스탄티누스는 꿈에서 라틴 크로스인 X와 P가 결합된 모양의 사인을 보았다고 한다. 그것은 카이-로(Chi-Rho)로써 그리스도를 의미하는 것이었고, 그 사인과 함께 그는 "In Hoc Signo Vince"(이 사인을 가지고 나아가면 너는 정복하리라)라는 음성을 들었다고 한다. 그리고 그 다음 날 밀비우스 다리에서 콘스탄티누스는 하늘의 구름을 통해 동일한 사인을 보았고 이를 통해 콘스탄티누스는 기독교의 신이 자신의 편이 되어 자신을 승리자로 만들어 줄 것이라고 확신한 뒤 부하들의 방패에 카이-로를 그려 밀비우스 다리로 진격하였다. 그 다음 날 결전이 벌어졌고 이 전투에서 막센티우스는 결정적인 실수를 저질렀다. 테베레 강과 너무 가까운 곳에 자신의 군대를 배치하고 배수의 진을 친 것이다. 반면 콘스탄티누스의 군대는 위에서 아래로 공격할 수 있는 유리한 위치에 자리를 잡았다. 콘스탄티누스의 군대는 그리스도가 승리로 이끌어 줄 것이라는 확신을 가지며 막센티우스의 군대를 덮쳤고, 세가 불리한 것을 알게 된 막센티우스는 다리를 건너 후퇴하여 로마에서 최후의 결전을 벌이겠다는 결정을 내렸다. 그러나 막센티우스가 전투 전에 밀비우스의 다리를 파괴하여 나무로 다리를 만든 것이 자충수가 되고 말았다. 막센티우스는 콘스탄티누스를 임시로 만든 나무다리로 유인하여 그들을 물고기의 밥으로 만들겠다는 계교를 세웠지만, 그 계교가 자신을 파멸로 몰아넣고만 것이다. 밀비우스의 나무다리는 후퇴하는 막센티우스의 대군이 모두 건너기에 너무 약했다. 콘스탄티누스는 곤경에 빠진 막센티우스의 군대를 더욱 강하게 몰아붙였다. 전투는 콘스탄티누스의 일방적인 대승으로 끝났고 막센티우스와 그의 군사들은 나무다리에서 떨어져 강물에 빠져죽었다.

콘스탄티누스의 꿈에 나타난 것처럼 신의 손이 작용하여 전투는 콘스탄티누스의 대승으로 종결되었다. 이렇게 위대하고 무서운 기독교인들의 신에 대해 외경을 느낀 콘스탄티누스는 이미 많은 박해에도 불구하고 최대 종교로 부상한 기독교를 인정하고 자신 또한 기독교로 개종하기로 결심하였다. 콘스탄티누스는 가장 많은 기독교도들을 박해한 디오클레티아누스의 종교정책을 완전히 뒤집은 것이다. 그는 313년 2월 '밀라노 칙령'을 반포하여 기독교를 공인하였다. 그러나 콘스탄티누스는 즉시 개종하지 않았고 죽음을 앞두고서야 개종하고 세례를 받은 것으로 알려져 있으며, 밀라노 칙령은 기독교도들에게 다른 종교와 똑같은 종교의 자유를 부여하였다. 그러나 여전히 로마에는 반기독교 세력이 강하게 잔존하여 콘스탄티누스로 하여금 과감한 친기독교 정책을 펼 수 없게 하였다.

고심 끝에 콘스탄티누스는 신도시를 건축해 반기독교 세력이 지배적인 로마에서 벗어나 수도를 옮기기로 하였다. 새로 세워진 수도의 이름은 콘스탄티노플로 기독교의 상징이 새겨진 건물들이 많이 건축되었고, 주피터와 같은 로마의 신들은 기독교의 신으로 대체되었다. 콘스탄티누스는 성당의 천장과 벽면에 그리스도를 중앙에 상좌하고 좌우에 콘스탄티누스와 그의 왕비가 서 있는 모자이크 벽화를 그리게 하여 자신은 그리스도의 아들이고 자신의 왕비는 그리스도의 딸이라는 신화를 만들어 대중에 전파함으로써 자신의 권력의 정당성을 확보하려 하였다. 그러한 신화를 그린 전형적인 모자이크 벽화는 현재 이스탄불의 소피아 성당 천장에서 볼 수 있다.

이제 스플리트의 디오클레티아누스의 이궁으로 가 보자. 그의 궁전에는 그의 흔적뿐 아니라 콘스탄티누스의 흔적도 볼 수 있다. 궁전의 동문(Brass Gate)이 있는 성벽은 바닷가와 평행하게 위치해 있는데, 그 이유는 로마에서 스플리트까지 육로를 이용하는 것보다는 바다를 통해 이동하는 것이 더 편하고 빠르다고 생각해 궁 근처에 정박장을 건축했기 때문이다. 병약한 디오클레티아누스는 실용적인 목적에서 바닷가 근처에 이궁을 지었지만, 쪽빛 바다 아드리아 해 위에 웅장하게 자리한 이 성은 너무나 아름답고 화려하게 조각되어 있어 그 아름다움을 글로 다 표현하기 어렵다.

동문을 통해 궁전 안으로 들어가니 중앙부에는 성 돔니우스 대성당이 자리하고 있다. 이 성당에는 디오클레티아누스의 묘(mausoleum)가 있는데, 7세기에 스플리트 대주교가 영묘를 가톨릭 성당으로 바꾼 것이다. 황제 시절에 기독교를 가장 가혹하게 박해한 황제인 디오클레티아누스의 묘가 가톨릭 성당으로 바뀌어 그의 관이 그 안에 안치될 줄 누가 상상이나 했겠는가. 역사는 역설의 연속이다. 이는 기독교 황제

디오클레티아누스 궁전 도면 ⓒ Ernest Hébrard

콘스탄티누스의 유산이 반기독교 황제인 디오클레티아누스의 이궁 속에 생생하게 살아 있다는 증거이기도 하다. 그러나 디오클레티아누스의 유산도 만만치 않았다. 대로를 중간에 두고 디오클레티아누스가 가장 숭상했던 그리스 양식의 주피터 신전이 대성당과 마주보고 있다. 디오클레티아누스 이궁에서 디오클레티아누스와 콘스탄티누스가 종교문제로 갈등, 경쟁하고 있는 것이다.

궁전의 정문인 금문(Gold Gate)을 통해 궁전을 빠져나오니 공원이 있고 많은 사람들이 여가를 즐기고 있었다. 당시 금문은 달마티아 수도이자 디오클레티아누스가 태어난 살로나(Salona)로 통하는 문이었기에 말 그대로 금쪽같이 소중하고 귀한 문이었다. 금문의 양쪽에는 주위를 압도하는 쌍둥이 타워가 높이 솟아 있다. 공원에는 크로아티아

이반 메슈트로비치가 조각한
그레고리우스 닌 동상 ⓒ MAndarin

가 자랑하는 조각가인 이반 메슈트로비치(Ivan Meštrović)가 조각한
그레고리우스 닌 동상이 우뚝 서 있다. 그레고리우스 주교는 라틴어가
아닌 크로아티아어로 미사를 하고 설교할 수 있도록 해달라고 교황청
에 청원한 신부로 유명하다. 그레고리우스 동상의 발가락을 만지면 소
원이 이루어진다는 설 때문에 많은 사람들이 발가락을 만지고 있었다.
필자도 그 틈에 끼어 만져보았다. 그레고리우스의 발가락은 청동색깔
이 벗겨져 반들반들했다. 스플리트 이궁에서는 디오클레티아누스의
소망과는 달리 기독교가 승리하고 있었다.

크로아티아인이 건설한
중부 달마티아의 해변 성곽도시 시베니크

두 번째로 방문한 아드리아 해의 보석은 스플리트와 자다르 사이에 있는 자그마한 성곽도시인 시베니크(Sibenik)이다. 아드리아 해변도로를 타고 시베니크로 접근하고 있는데 수 마일 전부터 아드리아 해와 크르카(Krka) 강이 만나는 곳에 하얀 대리석으로 빛나는 대성당과 빨간 지붕의 집들이 가득한 시베니크의 구도시를 볼 수 있었다.

아드리아 연안의 다른 도시들은 그리스인, 로마인, 일리리아인(Illyrians)에 의해 건설된 데 반해 시베니크는 크로아티아인들이 만든 독창적인 도시이다. 시베니크는 1066년 크로아티아 왕 피터 크레시미르 4세(Peter Krešimir IV) 차터(charter, 헌장)에서 그 이름이 언급되었다. 그래서 시베니크 사람들은 시베니크를 '크레시미르로 그라드'(Kresimirov Grad, 크레시미르의 도시)라고 부른다고 한다. 시베니크는 다른 달마티아 연안 도시들과 마찬가지로 베네치아, 비잔티움 제국, 헝가리, 보스니아왕국, 오스트리아 합스부르크 왕국, 오스만제국의 지배를 받았다. 시베니크인들은 요새를 쌓는 데 남다른 기술과 재주가 있었고, 이에 의지해 15세기 베네치아의 침공을 막아냈으며, 17세기에는 성 요한 요새와 수비체바치(Subicevac) 요새를 구축하여 베네치아와 오스만제국의 정복 시도를 좌절시켰다. 1797년 베네치아 공화국이 무너지자 시베니크는 합스부르크 왕국의 영향권 아래로 들어갔는데 1815년 빈 조약부터 1918년 제1차 세계대전이 끝날 때까지 오스트리아의 지배하에 있었다. 크로아티아 독립전쟁(1991~1995)에서 시베니

빨간 지붕의 집들과 아름다운 해안선이 펼쳐진 크로아티아 ⓒ Diego Delso

크 시민들은 세르비아 군으로부터 가혹할 정도로 무지막지한 공격을 받았으나, 용감하게 잘 견뎌내었다. 1995년 크로아티아 군이 세르비아 군을 격퇴함으로써 완전히 해방되었고 지금은 완전히 복구되었다.

시베니크에 도착한 우리는 신도시의 공영주차장에 차를 세워놓고 걸어서 구시가지로 들어갔다. 구시가지에는 많은 성당들이 있었는데 그중에서도 성 제임스 성당(The Cathedral of St. James)의 규모가 가장 컸다. 이 성당은 15~16세기에 걸쳐 건축된 덕분에 고딕, 르네상스 양식이 혼합되어 독특한 모양을 하고 있다. 성당의 정문은 '사자의 문'이라 불리는데, 문을 둘러싸고 사각형 모양으로 72명의 사람들의 얼굴이 조각되어 있다. 이 성당이 건축될 때 크로아티아 현지 석물이 사용되었다는 사실이 시베니크 사람들의 자부심을 높여주고 있다고 한다. 역시 시베니크는 시베니크인의, 시베니크인을 위한, 시베니크인에 의한 도시라는 것을 다시금 확인할 수 있었다.

크로아티아인들은 인류를 위해 세 가지를 발명했는데, 그중 시베니크인들이 발명한 것은 낙하산이다. 나머지 두 가지는 넥타이와 볼펜인데, 넥타이야말로 크로아티아인들이 인류에 가장 많은 기여를 한 발명품이 아닐까 생각한다.

크로아티아인들은 로마제국에서 가장 용감한 용병으로 활약했는데 특기할 것은 목에 스카프를 했다는 것이다. 그들이 목에 스카프를 한 이유는 로마의 무더운 여름날 스카프를 찬물에 적셔 목에 감아 더위를 식히기 위함이었다고 한다. 로마가 멸망하고 루이 14세에 이르러 프랑스가 유럽에서 가장 강력한 군대를 가진 국가로 부상하였을 때 크로아티아 용병들은 프랑스 군대에 소속되어 싸웠다. 그중 오스만제국과의

시베니크 성 제임스 성당 ⓒ 임혁백

전투에서 승리하고 돌아오는 크로아티아 용병들이 목에 붉은 천을 두르고 시가행진을 하는 것을 본 루이 14세가 이를 따라하자 크로아티아 스카프는 파리에서 대유행하게 되었다. 크로아티아 용병들이 앞가슴에 매고 있는 직사각형 모양의 스카프는 오늘날 넥타이의 원형이 되었고, 프랑스에서는 크로아트(*croate*, 크로아티아의 기마병)에서 기원하여 '크라바트'(*Cravat*)라고 부른다고 한다. 오늘날 일반적으로는 넥타이라고 부르지만 점잖게 부를 때에는 크라바트라고 부르기도 한다. 루이 14세가 크로아티아 용병을 불러 어떻게 스카프를 매는지 묻고는 "너희 크로아티아인들이 인류에 기여한 것은 이것을 발명한 것밖에 없구나"라고 하면서 그 스카프를 크라바트로 명명했다는 이야기도 있다.

바다 오르간이 음악을 연주하는
아드리아 해의 '사이렌' 요정 도시 자다르

우리는 시베니크를 출발해 두 시간도 채 안 걸려 자다르(Zadar) 시내에 들어섰다. 내비게이션이 알려준 곳에 차를 세웠지만 우리가 예약한 아파르트망은 보이지 않았다. 그런데 한참 만에 찾은 숙소는 문이 닫힌 채 폐쇄되어 있는 게 아닌가. 혹시 한국의 유령펜션처럼 예약만 받고 건물은 없는 것은 아닌지 걱정이 되어 동네 가게에서 담소를 나누는 자다르 노인들에게도 묻고 그 옆의 미장원 주인에게도 물었더니 다행스럽게도 우리가 찾은 숙소는 운영되고 있는 아파르트망이라고 하였다. 미장원 주인 말로는 그 숙소의 주인은 다른 건물에 살고 있으니 전화를 하면 금방 올 것이라며 아무 걱정 말라면서 그 주인에게 전화를 걸어주는 친절을 베풀어 주었다. 곧 숙소 주인이 도착했고 우리에게 방을 안내해 주었는데 이게 무슨 행운인지 깨끗한 부엌과 냉장고, 세탁기가 있어 오랜만에 한식도 해먹고 빨래도 할 수 있었다.

일단 짐을 내려놓고 본격적으로 자다르 투어에 나섰다. 우선 구시가지와 바다 오르간을 보러가기로 했다. 자다르는 로마 시대부터 일리리아인들이 거주했던 곳으로 항구와 광장이 세워져 목재와 와인을 교역하는 아드리아 해의 중요한 상업거점도시였다. 중세에는 비잔티움 제국 함대의 기지였고, 12~13세기에는 베네치아와 헝가리가 자다르를 놓고 쟁패를 벌이기도 했다. 마침내 헝가리 왕인 라슬로(Ladisslaus)가 달마티아의 도시와 섬을 베네치아에 매각하였지만 아드리아 해의 보석이라는 사실은 변함없었다. 자다르의 옛날 지명인 자라(Zara)는 번영의 이름이었고, 이 시기에 많은 교회와 궁전들이 건축되었다고 한다.

우리는 구시가지 끝에 있는 해맞이 광장과 바다 오르간으로 향했다. 우선 해맞이 광장으로 갔는데 우리는 그곳이 바다가 오르간 소리를 내는 곳이라고 생각했는데 아무 소리도 나지 않고 거대한 유리 원판만이 있었다. 나중에서야 그 거대한 유리 원판이 그 아래 바닷물을 보기 위해 있는 것이 아니고 그 위에 비치는 붉은 석양을 보기 위해 만들어진 '해맞이' 유리판임을 알았다. 이 유리 원판은 400여 개의 유리조각으로 되어 있어 조명을 받으면 더욱 아름답게 빛난다고 한다. 약 40여 년 전에 세계적인 영화감독 알프레드 히치콕(Alfred Hitchcock)은 "자다르의 석양은 세계에서 가장 아름답다"라고 단정적으로 이야기한 적도 있다고 한다. 히치콕이 본 석양은 바로 이 유리판 위에서 본 석양임이 틀림없다. 왜냐하면 그곳에서 '해와 하늘을 품은 아드리아 해'의 장관이 펼쳐지기 때문이다. 아드리아 해의 태양은 가슴이 넓은 관후인자(寬厚仁慈)한 군주와 같은 해임에 틀림없다.

해맞이 유리판에서 약 20미터쯤 더 걸으니 바다의 오르간 소리를 들을 수 있었다. 많은 사람들이 낮은 계단 위에 앉아 바다가 연주하는 오르간 교향곡을 듣고 있었다. 크로아티아의 설치 예술가인 니콜라 바시츠(Nicola Basic)가 설계한 바다 오르간은 바다로 향해 있는 계단 아래에 파이프가 설치되어 파도가 이 파이프에 공기를 밀어 넣어 다양한 소리를 내도록 만들어진 것이다. 아무튼 바다가 노래하는 오르간 음악은 자다르 해변에서만 들을 수 있는 보석이다. 돌계단에 앉아 바다의 오르간 소리를 들으니 동요 '섬집 아기'가 생각났다. 그야말로 '바다가 불러 주는 자장노래에' 스르르 졸음이 몰려왔다.

자다르 바다 오르간 ⓒ Böhringer Friedrich

　자다르가 베네치아에 소속되면서 많은 광장, 교회, 그리고 궁전이
지어졌는데 그 모든 것이 구도시 안에 있다. 그중 가장 화려하고 규모
가 큰 건축물은 성 아나스타시아(St. Anastasia) 교회이고 가장 유명한
건축물은 성 도나트(St. Donat) 교회이다. 성 도나트 교회는 달마티아
지역에서 가장 아름다운 비잔틴 양식의 교회로 9세기에 로마광장 안에
있는 대리석을 모아 지은 것으로 세 개의 반원형 천장이 있다. 이 교회
는 음향이 매우 좋아 콘서트가 자주 열린다고 한다. 고대 로마 시대에
지어진 대광장 주변에 위치한 두 교회를 둘러보고 시청이 있는 광장까
지 걸었다. 우리는 구시가지 관광을 이쯤해서 멈추고 아파르트망으로
발걸음을 옮겼다.
　금강산도 식후경이라는데 밥도 먹지 않고 돌아다닌 탓에 매우 시장

했다. 그래서 요리에 능한 두 부인들이 분업을 하여 급하게 밥을 하고, 생선을 굽고, 된장찌개를 만들어 식탁을 꾸미니 그 이상 훌륭하고 풍성한 밥상은 없었다. 그동안 먹은 느끼한 음식 때문에 연신 소화가 되지 않아 속이 더부룩했는데 이렇게 한식을 먹으니 소화제를 먹은 듯 단숨에 속이 뻥 뚫리는 듯했다. 게다가 양질의 흐바르 섬의 포도주까지 곁들이니 한동안은 한식을 먹지 못해도 서운하지 않을 것 같다.

자다르 주위에는 국립공원으로 지정된 아름다운 섬들이 많다. 그래서 그 섬들을 묶어 통칭 자다르 열도(Zadar Archpelago)라고 부른다. 국립공원으로 지정된 섬 중에는 크르카 섬, 파크레니사 섬, 코르나티 섬이 있고 자연공원으로는 텔라슈시카(Telašćica) 자연생태공원이 있어 자연의 위대함을 보여준다. 그러나 이 모든 섬들에 관해서는 불행히도 직접 가 확인해볼 수 없었다.

천국과 가장 가까운 호수와 폭포의 파라다이스 플리트비체

이번 여행에서는 자연이 만든 불가사의한 경관을 자다르 북동부에 있는 플리트비체(Plitvice) 호수 국립공원에서 보았다. 어떤 관광안내서에는 플리트비체의 폭포를 나이아가라의 폭포가 그랜드캐니언으로 떨어지는 것과 같다고 설명하면 쉽게 이해가 될 것이라고 쓰여 있었다. 나이아가라 폭포에는 물은 많으나 주변에 아름다운 숲과 같은 경관이 없고 그랜드캐니언은 장대하고 높은 나무는 있으나 물과 폭포가 없는

은은한 초록빛 호수들이 폭포로 연결돼 끊임없이 흘러가는 플리트비체의 전경

사막지대이다. 반면 플리트비체는 나이아가라와 그랜드캐니언의 장점을 합한 자연의 불가사의인 것이다.

자다르에서 일찍 출발하여 오전 중에 플리트비체에 도착했다. 플리트비체 주차장에 도착하여 표를 사고 난 뒤, 우리는 부부끼리 흩어져 다른 경로로 관광하기로 했는데, 우리 부부는 버스를 타고 플리트비체 정상에 올라갔다가 도보로 내려오는 코스를 택했고 김 교수 부부는 전 구간을 도보로 완주하는 코스를 택했다. 우리는 김 교수 부부가 속보로 걷기 때문에 우리와 비슷하게 하산할 것이라고 생각했다.

그런데 실제로 우리 부부는 김 교수 부부와 함께 도보로 전 구간을 완주하였다. 자연의 아름다움과 경이로움에 넋을 잃어 버스 타는 것도 잊은 채 아름다운 폭포와 호수를 카메라에 연신 담으며 다리가 아픈 줄도 모르고 계속 걸었기 때문이다.

플리트비체는 입구부터 심상치 않았다. 들어선 지 얼마 되지 않아 첫 번째 호수가 나타났는데 경탄의 소리가 절로 나왔다. 나무로 만든 길로 그 호수를 지나 오른쪽으로 10분 정도 걸으니 플리트비체에서 제일가는 대폭포인 벨리키 슬랩(Veliki Slap)이 엄청난 굉음을 내며 물을 떨어뜨리고 있었다. 절벽 위에는 플리트비카 강물이 흐르고 있었고 터키옥빛의 강이 절벽으로부터 마구 떨어지고 있는 것이었다. 수플자라(Supljara) 동굴을 지나면 저지대 호수들이 계단식으로 이어져 폭포를 이루면서 물이 흐르고 있었다. 말하자면 한국의 제주도에 있는 천제연 규모의 폭포가 100개 이상 모여 플리트비체에서 이어지고 있는 셈이다. 게다가 그 폭포들은 각각 형상이 독특하고 다양해 시간가는 줄도 모르고 쳐다보게 하였다.

호수의 물은 명경수(明鏡水) 보다 맑아서 물속에서 노는 고기의 모습이 시력이 좋지 않은 내 눈에도 명료하게 보였다. 작은 잡어만 있는 것이 아니라 제법 큰 크기의 송어 등도 있었는데, 과자 부스러기라도 던지면 수많은 고기 떼들이 몰려왔다. 호수 주위에는 수크렁 같은 들풀과 물 위에 피는 수련과 수초, 데이지, 마르가리타, 루드베키아, 콘플라워, 엉겅퀴, 별꽃, 매리골드, 매발톱꽃, 제비꽃, 아스클레피아스, 나팔꽃, 그리고 한국에서 많이 보았던 금계국과 같은 야생 국화들이 합창을 하고 있었다. 흐바르 섬에서 봤던 퀸 앤즈 레이스도 있었다. '물가에 심은 나무처럼' 영양분을 잘 받고 자라고 있는 야생화 주변으로 벌과 나비가 한가롭게 날고 있었다. 여기가 바로 천국이었다.

플리트비체에는 16개의 테라스(호수가 폭포 입구에 오면 테라스처럼 평평하게 되어 많은 물이 동시에 내리는 현상)가 달린 호수들이 있는데, 그 테라스 아래로 물이 떨어져 큰 폭포를 이룬다. 이 폭포는 가장 큰 호수인 코즈악 호수(Jezero Kozjak)를 기준으로 상류 호수와 하류 호수로 나뉘는데, 코즈악 호수에서 배를 타고 상류 호수로 이동하면 이동 시간을 절약할 수 있다고 한다. 코즈악 호수의 상류에서 하선하여 다시 길을 따라 올라가면 상류 호수들이 나타나는데, 높은 지역의 호수들이라 물이 많은 것 같지는 않으나 경치는 하류 호수들보다 더 이국적이고 매력적이다. 우리는 테라스가 달린 호수들을 도보로 올라 마침내 모든 호수물의 진원지인 시그노박(Cignovac) 호수와 제제로(Jezero) 호수에 도달했다. 우리는 천국으로 가는 계단을 걸어 올라온 것이다. 플리트비체의 천국으로 가는 계단에는 꽃이 피고, 나비가 날고, 맑은 폭포물이 떨어지고, 그 속에는 온갖 고기가 평화롭게 놀고 있었다.

플리트비체의 제일 큰 호수 ⓒ 임혁백

플리트비체의 호수는 계단식으로 흘러내려 폭포를 만든다 ⓒ 임혁백

예수 그리스도가 크로아티아의 플리트비체에서 천국을 보여준 것은 평화롭게 살라는 의미인 것이다. 종족과 종교 간의 갈등으로 발칸반도의 민족들이 하나님의 뜻대로 살지 않고 '제 갈 길'로만 감으로써 '죽음의 길'로 가게 되었고 마침내는 '인종청소'와 같은 인류 전체에 죄를 짓는 끔찍한 악행을 저질렀다. 그러나 예수 그리스도는 바로 그러한 악행을 일삼는 이 지역 사람들에게 오히려 플리트비체라는 낙원을 선물함으로써 죽음의 길인 '제 갈 길'로는 더는 가지 말고 예수 그리스도의 의로운 길을 따라 모든 종족이 평화롭게 공존해야 한다는 가르침을 주신 것이다.

플리트비체 폭포들의 아름다운 자태와 평화로운 절경에 빠져 헤어나오지 못하다가 내려가는 버스가 왔다는 소리에 놀라 허겁지겁 탑승했다. 버스를 타고 내려오는 내내 아쉬운 마음을 뒤로 하고 하나라도 놓칠까 창문에 딱 붙어 호수, 나무, 그리고 꽃들을 연신 바라보았다. 그러던 중 황진이가 노래한 〈박연폭포〉가 떠올랐다. 필자는 2005년 제2차 개성시범관광단의 일원으로 개성에 다녀온 적이 있다. 그때 박연폭포에도 가보았는데 떨어지는 물줄기가 가히 중국의 여산폭포와 비견할 만하다는 생각이 들었다. 조선 중기의 절세미인인 황진이는 시, 그림, 가무에 능하고 마음이 아름다운 데다 대담하기로는 남자를 능가하는 여인이었다. 그 황진이가 박연폭포 밑에서 목욕재계(沐浴齋戒)를 한 뒤 치렁치렁하게 긴 머리채에 먹물을 묻혀 일필휘지로 이백의 〈망여산폭포〉(望廬山瀑布)의 마지막 두 구절인 "飛流直下 三千尺 疑是銀河 落九天"(나는 듯 수직으로 떨어지는 물줄기는 삼천 척이나 되네. 이는 은하수가 저 하늘에서 쏟아져 내려오는 것과 같구나)을 썼다고 한다.

그러나 더 놀라운 것은 황진이가 이백의 시를 박연폭포 아래에서 일필휘지로 쓴 데서 끝나지 않고, 여산폭포보다 더 아름다운 폭포는 박연폭포(朴淵瀑布)라는 내용의 시를 써서 중국 사람의 코를 납작하게 만든 데 있다.

그런데 이백의 〈망여산폭포〉나 황진이의 〈박연폭포〉를 다시 음송해 보아도 플리트비체의 테라스가 있는 호수들 아래로 겹겹이 떨어지는 폭포들만큼은 아름답지 못하다는 생각을 지울 수가 없다. 그만큼 플리트비체의 호수와 폭포가 필자의 기억창고에 강하게 각인된 것이리라. 언젠가 다시금 이곳을 찾아 호수와 폭포 그리고 산을 즐기면서 괴테의 《이탈리아 여행》처럼 느림과 고요함, 그리고 평화를 즐기는 여행을 하리라 기약하며 플리트비체를 빠져나왔다.

크로아티아 '부메랑'의 중심에 있는 문화와 정치 수도 자그레브

플리트비체를 뒤로 하고 크로아티아 평원을 달리고 있는데 갑자기 미국과 유럽의 대도시를 접근할 때 공통으로 볼 수 있는 도로현상이 나타났다. 고속도로 차선이 많아지고 복잡해지며 차량의 수가 엄청나게 늘어난 것이다. 한적하게만 느껴졌던 크로아티아에도 대도시가 있다는 사실을 일깨워 주는 것 같았다. 우리는 크로아티아의 수도이자 78만의 인구가 살고 있는 대도시 자그레브(Zagreb)로 접근하고 있었다.

한반도는 호랑이 형상을 하고 있듯이 크로아티아는 '부메랑' 모양을 하고 있다. 부메랑의 길쭉한 쪽에는 두브로브니크가 있고, 안쪽에는 플리트비체가, 그리고 가운데 넓은 부분에는 수도 자그레브가 자리 잡고 있다.

문화·종교 사회학의 세계적 석학인 막스 베버(Max Weber)는 한 도시의 문화적 질을 평가하기 위해서는 그 도시가 얼마나 많은 미술관, 도서관, 박물관, 식물원, 예술학교, 그리고 연구소와 같은 문화기구를 보유하고 이용하는지를 살펴봐야 한다고 이야기했다. 베버의 이러한 기준에 따른다면 자그레브는 그야말로 진정한 문화도시이다. 자그레브는 20개의 박물관, 10개의 극장, 350개의 도서관 그리고 수많은 식물원, 예술학교, 연구소를 보유하고 있기 때문이다. 발칸반도를 통틀어 가장 많은 문화기구를 보유하고 있는 자그레브야말로 크로아티아, 발칸반도뿐 아니라 동유럽의 문화중심도시라고 부를 만하다.

자그레브에 근접하자 멀리 첨탑이 보였다. 우리는 그것이 자그레브의 구시가지를 상징하는 탑이자 망루인 로트르슈차크(Lotrscak) 탑이라는 것을 구시가지로 들어가서야 알았다. 헝가리의 벨라 4세가 타타르 족의 침공을 받은 뒤 그라덱(Gradec)이라는 성곽요새도시를 만들어 적군이 오는 것을 탐지하고 감시하는 높은 첨탑망루를 건설하였는데, 그것이 로트르슈차크 탑이다. 그라덱 성안에는 '자그레브의 바로크'로 불리는 성 캐서린 교회와 각종 박물관, 미술관이 있고, 성 마르크 교회와 광장이 있었다. 성 마르크 광장을 지나 그라덱에 유일하게 남아있는 스톤게이트(Stone Gate)를 지나면 강이 보이고 그 위에 있는 피의 다리(Krvavi Most)를 지나면 성모승천(Virgin Mary) 대성당을 중심으로 펼쳐진 캅톨(Kaptol) 성을 만나게 된다. 그라덱과 캅톨을 연결하는 다리가 '피의 다리'라는 명칭을 얻게 된 것은 그라덱과 캅톨이 늘 평화롭게 공존했던 쌍둥이 성이 아니라 때로는 엄청난 유혈적 전투를 벌인 반목, 불화했던 형제와 같은 성들이었고, 그 전투들로 인해 다리 아래로 흐르는 강물이 군사들의 피로 붉게 물드는 일이 잦았기 때문이라고 한다.

우리는 구시가지를 휘 한 번 둘러보고 자그레브의 신도시 남단에 있는 상업 중심지로 이동했다. 신도시에 있는 웨스틴 호텔에서 풍성한 점심을 먹었다. 역시 미국은 물자가 풍부한 나라이기에 물건이나 음식 또한 풍부하고 풍요롭다는 것을 새삼 느끼게 한 식사시간이었다. 식사를 마치고 남자팀, 여자팀으로 나누어 움직이기로 했다. 나와 김 교수는 식후 식곤증을 해결하기 위해 근처 식물원으로 향했고 아내와 김 교수 부인은 자그레브 중심가의 상점들을 둘러볼 것이라고 했다.

자그레브 식물원은 생각했던 것보다 규모가 훨씬 컸고, 다양한 나무, 꽃, 야생화와 들풀이 있었다. 김 교수는 감수성이 풍부하고 낭만이 있는 지식인인데도 식물원의 꽃 같은 것에 비교적 무심하였다. 꽃을 좋아하는 필자는 각종 나무와 꽃, 들풀이 합창하는 에덴동산을 카메라에 담기에 바빴다. 김 교수는 식물원 단지 내를 같이 걷다가 잠시

자그레브 식물원
© Prosopee

쉬겠다며 식물원에 있는 나무 그늘에 있는 벤치에 누워 오수를 즐겼다.

자그레브 식물원을 둘러보다 식물원 직원들의 세심한 관리에 새삼
놀랐다. 각종 식물에 이름표를 만들어 해당 식물의 유래와 특징에 대
해 일목요연하게 메모해 두어 관람객들이 재미있게 관람할 수 있도록
만들어 놓았고 어떤 경우에는 식물원 본관에서 식물에 대한 강의까지
진행해 감탄하지 않을 수 없었다.

식물원에는 연못 위의 수련과 수초와 같은 물 위의 꽃, 베고니아, 페
튜니아, 팬지, 꽃잔디와 같은 관상용 화분, 미나리아재비, 연령초, 말
타곤 백합, 루드베키아, 삼잎 국화, 팔랑개비 국화, 애스터, 데이지,
매리골드, 치커리, 매발탑꽃, 스킬라, 엉겅퀴, 미역취, 민들레, 아네
모네, 달맞이꽃, 인동초, 수선화, 제라늄, 제비꽃, 나팔꽃 등이 아름
다움과 순진무구함을 뽐내고 있었다. 또한 각종 나무들도 있었다. 로
마 소나무 같은 우산모양의 소나무, 가문비나무, 솔송나무, 사이프러
스, 향나무, 느릅나무, 단풍나무, 참나무, 밤나무, 호두나무, 자작나

무 등이 정원을 가득 메워 여름에는 관람객들에게 시원한 그늘을 제공한다. 관광객들은 대부분 북쪽의 구사가지 성곽 안으로 들어가기 때문에 자그레브의 남단에 있는 이 식물원에는 그리 많이 방문하지 않아 사람이 적었고, 부인네들은 상점을 둘러보고, 친구는 오수를 즐기고 있으니 나 홀로 쉬엄쉬엄 많은 꽃과 나비, 나무와 새들을 감상할 수 있어 매우 행복했다. 참으로 운 좋은 하루였다.

식물원을 한 바퀴 돌고 흩어졌던 4인 여행단은 다시 모여 호텔 주차장으로 이동해 차를 찾아 슬로베니아로 향했다. 크로아티아와 보스니아 여행을 마무리하고 슬로베니아로 가면서 필자는 씁쓸한 감정을 지울 수 없었다. 예수 그리스도는 어떻게 이토록 아름다운 땅에 인간이 서로를 증오하고 살육하는 전쟁을 벌이도록 내버려 두셨는가. 동족임에도 불구하고 종교와 역사적 정체성이 다르다는 이유만으로 전쟁을 벌이고(세르비아 크로아티아 전쟁), 1년도 못 되어 과거 세르비아의 침략에 힘을 합쳐 싸웠음에도 불구하고 종족과 종교가 다르다는 이유로 상대를 공격하도록(크로아티아의 보스니아와 모스타르 공격) 내버려 두셨는가. 앞으로는 인간의 잔혹함으로 인해 아름다운 자연과 이를 아끼고 사랑하는 사람들의 마음에 상처가 생기지 않기를 간절히 바란다.

슬로베니아 알프스의 블레드 호수와 고성

블레드(Bled)는 자그레브에서 1시간 반 정도 걸리는 슬로베니아의 한 도시로, 알프스 산자락의 블레드 호를 끼고 있는 호반 도시이다. 슬로베니아는 인구가 200만(수도 류블랴나, 27만) 밖에 안 되는 발칸의 소국이지만 사회주의 체제 붕괴 이후 가장 빠른 속도로 민주화를 진전시킨 국가로 현재 프리덤 하우스로부터 시민적 자유와 정치적 권리에서 모두 1등급을 받고 있다. 반면 우리나라는 정치적 권리는 1등급으로 격상되었지만 보안법과 같이 원천적으로 시민의 자유를 침해할 수 있는 악법이 존재한다는 이유로 시민적 자유는 2등급에 머물러 발칸의 소국 슬로베니아보다 낮은 수준의 민주주의를 하고 있는 것에 대해 곱씹어 반성해야 한다. 슬로베니아는 정치적 민주화에만 성공한 것이 아니라 민주화 이후 비약적인 경제적 발전도 이룩했다. 현재 슬로베니아의 1인당 국민소득은 2만 8천 달러로 우리보다 높다. 여기에는 이웃국가가 독일과 오스트리아라는 점도 도움이 되었다. 왜냐하면 슬로베니아에는 금속공업(트럭과 기계)이 발달했는데, EU 지역 중 특히 오스트리아와 독일에 많이 수출한다. 다른 발칸 반도 국가들과는 달리 슬로베니아는 유로를 사용하는데, 크로아티아가 EU 회원국임에도 아직 유로존에 들어가지 못하고 있는 것과 대조적으로 슬로베니아는 성공적인 경제발전을 통해 EU경제와 통합되어 유로를 사용하는 명실상부한 정치적, 경제적 선진국이 되었다.

　류블랴나를 지나 블레드에 들어서 내비게이션이 가르쳐준 대로 이동해 호수가 보이는 호텔을 찾긴 하였는데 호텔 마당에 있는 주차장으

블레드 호수의 고성 ⓒ 임혁백

로 바로 들어갈 수가 없었다. 호텔 주인에게 주차장으로 들어가는 길을 물으니 거의 10개가 넘는 블록을 지나야 들어올 수 있다면서 약도를 그려주는 것이다. 고불고불한 호수 위의 언덕길을 지나고 거대한 호텔도 지나 골목길로 들어서니 우리가 예약한 호텔 주차장이 나왔다. 주차장에 들어오기까지 고생은 했지만 블레드 호수와 멀리 산꼭대기의 고성이 한눈에 보이는 전망 좋은 방에서 지낼 수 있었다. 우리는 짐을 내려놓고 서둘러 호수로 나갔다. 우리는 호숫가를 따라 성으로 향했다. 마침 페스티벌이 열리고 있어 많은 사람들이 작은 공연무대에 모여 있었고 포장마차들이 쭉 늘어서 있었다. 유쾌한 축제의 시간을 보내는 블레드 사람들이 부러웠다.

우리는 포장마차에서 파는 먹음직스러워 보이는 음식을 몇 가지 구매해 호텔에서 먹기로 했다. 김 교수 부부가 호숫가를 좀더 걷겠다고 하여 그동안 우리 부부는 맥주로 목을 축이며 음식과 함께 먹을 와인을 골랐다. 우리는 곧 해후해 호텔로 향했다.

우리는 호텔 발코니에서 포창마차에서 사온 소시지와 와인을 마셨다. 날은 금세 어두워졌고 고성을 향해 레이저가 쏘이고 있었다. 레이저는 축제의 주제를 담은 영상을 성벽에 비추고 있었다. 알프스의 눈 녹은 물이 만들어낸 블레드 호수 위로는 달이 떠 있었다. 만월에 가까워지고 있는 둥근 큰 달이 알프스 산 위에, 호수 위에, 그리고 사랑하는 사람들의 눈 속에 떠 있었다. 문득 쇤베르크(Arnold Schoenberg, 1874~1951)의 연가곡, 〈달에 홀린 삐에로〉(*Pierrot lunaire*, Op. 21) 중, 〈달에 취하여〉(*Mondestrunken*)가 떠올랐다.

우리가 눈으로 와인을 마실 때
달은 파도처럼 밤의 한가운데로 쏟아지네
그리고 밀물은 고요한 수평선을 덮으면서 흐르네
계산적인 것을 넘어서 모골이 송연하면서도
달콤한 스릴을 갈구하면서
우리는 그 밀물의 홍수를 거슬러 수영을 한다
우리가 눈으로 와인을 마실 때
달은 파도처럼 밤의 한가운데로 쏟아지네
시인은 헌신의 노예
성스러운 술(聖酒)에 취하고

넋을 잃고, 그의 얼굴을 하늘나라로 돌리네

그리고 비틀거리면서 후루룩 술을 빤다

우리는 눈으로 와인을 마시네

쇤베르크, 〈달에 취해서〉

쇤베르크보다 천 년이나 앞서 달에 홀린 시선이 있었으니 중국 성당 시대의 천재 시인 이백이다. 그는 달빛 아래서 홀로 마시는 술(月下獨酌)을 좋아했다. 술과 달을 너무 사랑한 나머지 강에서 뱃놀이를 하며 술을 마시다가 강물 위에 떠 있는 달을 낚으려다 물에 빠져 죽었다고 전해진다. 자신의 목숨을 버릴 정도로 이백은 술과 달에 홀렸고, 이승과 저승의 극한까지 가게 되어 마침내 달을 따라 강물에 뛰어든 것이다. 쇤베르크나 이백 모두 '물에 비친 달에 홀려' 술을 마셨다는 점이 동일하니 동양과 서양의 술꾼은 다를 수 없구나. 둥근 달이 알프스 산 정상에 걸려있고, 주변에는 불꽃놀이가 한창이다. 우리는 와인에 취해갔고, 블레드 호수의 밤은 깊어갔다.

다음 날 아침 걸어서 블레드의 고성에 올랐다. 성은 호수에서 보는 것보다는 높지 않으나 호수와 그 주변 환경이 한눈에 들어와 방어하기에는 최적의 위치였다. 호수 주위에는 해자가 있었고, 도개교도 만들어져 있었다. 성을 내려오니 전형적인 유럽의 고성마을이 형성되어 있었다. 성안에는 프린스(군주)가 살고 그 아래로는 교회를 중심으로 부르주아지들이 살고 있으며 다시 그 아래로는 성에 사는 높은 사람들을 위해 농사를 짓는 농민들이 살고 있는 유럽의 전형적인 소도시의 구조였다. 블레드 호수에는 섬이 있는데, 그곳에 있는 하얀 첨탑을 가진 교회는 블레드 호수의 풍경을 더욱 아름답게 했다.

이곳에는 유고슬라비아를 지배하면서 소련과는 차별화된 제3의 길을 모색하던 유고슬라비아 공산당 지도자 티토의 별장이 있었는데, 티토는 이 빌라에 인디라 간디, 흐루시초프, 카스트로, 그리고 김일성과 같은 공산당 지도자들을 초대하여 영향력을 확대하려 했다. 김일성은 티토를 만나기 위해 평양에서 기차를 타고 모스크바에서 흐루시초프와 회담한 뒤 다시 기차를 타고 2달에 걸쳐 이곳에 왔다고 한다. 2달이나 걸린 이유는 김일성이 고소공포증이 있어서 비행기를 타지 못했기 때문이다. 그런데 김일성의 해외순방 일정이 몇 달이 넘는 장기간 여행인 것을 알게 된 연안파가 김일성의 반대파들을 규합하여 그 기간 동안 김일성을 축출하기 위한 음모를 꾸몄고 김일성의 부하들은 이들의 음모를 낱낱이 파악해 전신으로 김일성에게 전달하였다. 그러나 연안파들은 이를 전혀 눈치를 채지 못하고 있었고 마침내 김일성이 모스크바와 유고 여행에서 돌아와 북한 노동당 전국대표자회의를 열었을 때 김일성의 라이벌이자 연안파의 우두머리인 최창익이 김일성을 비판하며 그를 축출하자는 연설을 하기 시작했다. 그 순간 김일성의 호위병들이 대회장의 2층 베란다 석에서 최창익과 연안파들을 향해 총을 겨누었다. 김일성은 그 일을 계기로 오히려 연안파들을 비롯한 모든 반대파들을 일거에 축출, 숙청할 수 있었다. 이로써 유일권력체제를 만들어냈고, 김일성 주체사상체제가 수립되었다. 필자는 여행 전에는 알지 못했던 블레드 호수가 한반도 역사에 이렇게 큰 영향을 주었다는 사실에 새삼 놀라며, 내정의 연장은 외정이고, 외정은 다시 내정을 규정한다는 내정과 외정의 상호결정론(codetermination)을 주장한 프러시아

정치사학자 오토 힌체(Otto Hintze)의 이론에 동의하게 되었다. 김일성 사건을 회고하며 한반도의 평화와 통일에 관한 상념에 잠기며 블레드 호수 너머 우뚝 솟은 오스트리아 알프스를 넘어 모차르트의 도시 잘츠부르크로 향했다.

잘츠부르크와
중부독일의
낭만가도

네덜란드

독일

폴란드

벨기에

하노버

괴팅겐

에르푸르트

헬트부르크

밤베르크

체코

로텐부르크

프랑스

잘츠부르크

오스트리아

스위스

슬로베니아

이탈리아

크로아티아

모차르트와 〈사운드 오브 뮤직〉의 도시
잘츠부르크

슬로베니아의 알프스를 넘어 오스트리아의 알프스로 들어가 산길을 달려 잘츠부르크의 교외 호텔에 도착했다. 호텔은 잘츠부르크 구시가지로 들어가는 기차역 부근에 있었다. 필자는 천의무봉의 음악을 자유자재로 작곡하는 천재 음악가 모차르트를 매우 좋아하고, 영화 〈사운드 오브 뮤직〉의 무대인 잘츠부르크에 한번 가보는 것이 소원이었는데 좋은 친구를 둔 덕에 이 소원을 이루게 되었다.

모차르트는 잘츠부르크 태생으로 당시 잘츠부르크는 신성로마제국의 일부였던 합스부르크 왕국 대주교령의 수도였다. 모차르트는 잘츠부르크의 게트라이데 9번지에서 태어나 대주교를 위해 1769~1781년까지 일했다. 그러나 잘츠부르크는 모차르트만 탄생시킨 도시는 아니다. 프란츠 요제프 하이든의 동생인 요한 미하엘 하이든도 이 도시에서 태어나 〈마탄의 사수〉를 작곡한 칼 마리아 폰 베버의 스승이 되었고 많은 성곡을 남겼다. 구시가지에 있는 광장 근처에 모차르트 생가가 있고 많은 사람들이 그 앞에서 연신 사진을 찍고 있었다. 이처럼 모차르트가 없는 잘츠부르크는 생각할 수 없다. 그래서 이곳에서는 모차르트가 시초가 된 '잘츠부르크 페스티벌'이 매년 열린다.

모차르트는 9살의 어린 나이에 작곡을 할 정도로 음악의 신동이었고 궁정 음악가였던 그의 아버지 레오폴트 모차르트는 아들의 재능을 알아보고 조기교육을 위해 일찍이 빈으로 갔다. 빈에서도 모차르트는 천재적인 능력을 발휘해 합스부르크의 마리아 테레지아 여제와 요셉 2

성에서 바라본 잘츠부르크 전경 ⓒ 임혁백

세의 귀여움을 받았다고 한다. 그러나 모차르트는 음악의 천재였지만 일상생활에서는 무능력해 어릴 적부터 벌어들인 많은 돈을 탕진하고 거의 무일푼으로 죽었다고 한다. 모차르트는 이름 없는 공동묘지에 관도 없이 거적때기에 덮인 채로 묻혔고 이후 빈에 있는 음악가의 묘지단지에 이장되었다고는 하나 실제로 그의 유골이 이장된 것인지는 확인되지 않고 있다. 천재는 단명한다는 이야기처럼 모차르트는 37세의 젊은 나이에 사망했지만 500개가 넘는 주옥같은 오페라, 소나타, 심포니, 현악4중주를 남기는 기적을 이루었다. 공자가 "나는 태어나면서부

잘츠부르크의 모차르트 동상 ⓒ 임혁백

터 안 것이 아니다. 나는 오직 배우고 익혀서 지식을 얻었다"고 겸손히
이야기한 것처럼 모차르트도 태어나면서부터 작곡을 할 줄 안 천재는
아니었다. 그는 무한한 노력을 한 천재였다. 우리는 천재 모차르트에
대한 신화에서 벗어날 때 비로써 학자나 음악가가 학문과 음악에 임하
는 자세를 터득할 수 있을 것이다.

　마침 호헨잘츠부르크 성과 그 아래 광장 주위의 성당, 교회, 공공건
물에서는 잘츠부르크 페스티벌이 진행되고 있었다. 2013년 잘츠부르
크 페스티발에서 공연될 여러 음악 장르 중 오페라 부문만 보면 모차르
트의 오페라뿐 아니라 이탈리아와 독일의 아름답고 장엄한 오페라도 포

함되어 있었다. 모차르트의 〈루치오실라〉(*Lucio Silla*), 〈여자는 다 그래〉(*Cosi fan tutte*), 〈후궁으로부터의 유괴〉(*Die Entführung aus dem Serail*), 〈어린이용 후궁으로부터의 유괴〉(*Die Entführung aus dem Serail for Children*), 〈어린이용 마적〉(*Die Zauberflöte for Children*)이 있었고, 베르디의 〈팔스타프〉(*Falstaff*), 〈돈 카를로〉(*Don Carlo*), 〈지오반니 다르코〉(*Giovanna d'Arco*), 〈나부코〉(*Nabucco*)와 바그너의 〈뉘른베르크의 명가수〉(*Die Meistersinger von Nürnberg*), 〈리엔치〉(*Rienzi, der letzte der Tribunen*), 그리고 이탈리아 벨칸토(Bel Canto) 오페라를 연 벨리니의 〈노르마〉(*Norma*)가 공연목록에 올라 있었다. 가슴 뛰게 하는 명 오페라들이 하나도 아니고 10곡 이상 공연된다고 하니 표가 1년 전에 매진되는 것은 당연한 일이다. 우리는 표를 구하지 못해 구경할 수 없어 아쉬운 마음을 뒤로하고 광장에 설치되어 있는 대형무대만 멀리서 바라보았다.

잘츠부르크는 바로크 양식의 성당, 교회, 시청, 고성이 잘 보존되어 있어 1997년 유네스코 세계문화유산으로 지정된 곳이기도 하다. 잘츠부르크는 '소금의 도시'(*salt castle*)라는 뜻으로 잘차흐(Salzach) 강에서 소금을 날랐던 것에서 유래된 것인데 이를 증명하듯 소금광산인 다흐슈타인(Dachstein) 산과 할슈타트(Hallstatt) 산이 저 멀리 우뚝 솟아있었다. 기원전 5세기부터 이미 켈트 족이 거주하고 있었고, 로마제국 시대에는 도시가 형성되었다. 성 루퍼트가 대주교가 되면서 자신의 교회를 지으며 도시를 잘츠부르크라 명명하였다. 1077년에 호헨잘츠부르크 성이 구축되었고 14세기에 바이에른 공국으로부터 독립하게 된다. 이후 잘츠부르크는 신성로마제국의 대주교령의 수도가 된다.

208

잘츠부르크 성
ⓒ 임혁백

　1731년에는 교황이 잘츠부르크의 신교도들을 추방하는 명령을 내려 잘츠부르크에 거주하던 많은 신교도들이 독일과 오스트리아로 뿔뿔이 흩어졌다.　1803년 나폴레옹 황제는 대주교령을 세속화하는 칙령을 내렸고 토스카나의 페르디난트 3세 대공을 잘츠부르크 선제후로 임명했다.　나폴레옹 전쟁 시 1805년 잘츠부르크는 오스트리아로 병합되었고 1809년에는 바이에른 공국의 소속으로 넘어갔다가 1815년 빈 회의에서 오스트리아로 넘어갔다.　그 후 잘츠부르크는 히틀러의 제3제국의 일부로 합병되었고 제2차 세계대전 당시 미군의 폭격 대상이 되었다. 그러나 미군은 잘츠부르크의 문화유산을 존중하여 구시가지에는 폭격을 가하지 않았다고 한다.　미군은 1945년 5월 5일 잘츠부르크로 입성했고 잘츠부르크는 오스트리아 잘츠부르크 주의 주도로서 2006년 1월 27일 모차르트 탄생 250주년을 자축하였다.　당시 이를 기념하여 오후 8시에 5개의 교회가 동시에 종을 쳤다고 한다.

잘츠부르크에서의 첫날에는 숙소에서 가까운 곳에 있는 케이블카를 타고 베르히테스가덴(Discover Berchtesgaden, 2,713미터) 국립공원의 정상에 올라 잘츠부르크 일대를 조망하였는데, 저 멀리 우리가 방문했던 빙하호 쾨니히 호수도 볼 수 있었다.

다음으로 영화 〈사운드 오브 뮤직〉의 무대인 헬브룬(Hellbrunn) 궁전으로 이동했다. 그곳에는 눈 덮인 알프스를 배경으로 바로크 양식의 노란 궁전과 수련화가 아름답게 피어있는 연못이 있었다. 뜰에는 온갖 종류의 꽃들이 담겨있는 '꽃마차'가 있었다. 우리의 두 부인이 그 옆에 서 있으니 그들이 꽃인지 꽃이 그들인지 분간하기 어려웠다.

〈사운드 오브 뮤직〉에서 흐르는 '에델바이스'(Edelweiss)라는 노래는 잘츠부르크에 사는 퇴역해군 대령 캡틴 조지 본 트랩이 나치의 박해를 피해 사랑하는 여인 마리아와 자신의 아이들을(7남매) 데리고 알프스를 넘어 해외로 도피할 때 알프스에서 부르는 노래이다. 에델바이스는 오스트리아의 국화로 노래 가사가 민족주의적이면서 오스트리아 알프스의 민속적인 측면이 있어 한번 옮겨본다.

Edelwweiss, Edelwweiss
Every morning you greet me
Small and white
Clean and bright

You look happy to meet me
Blossom of snow,
may you bloom and grow

210

〈사운드 오브 뮤직〉의 주배경인 헬브룬 궁전 ⓒ Benn Newman

Bloom and grow forever

Edelwweiss, edelweiss

Bless my home land forever

에델바이스, 에델바이스

매일 아침 나를 반겨주는 꽃이여

작고 희며

깨끗하고 밝은

너는 항상 나를 맞이할 때마다 행복하게 보였지

눈 속에서 나온 에델바이스여

눈 위에서 피고 자라라

영원히 피고 자라라

에델바이스, 에델바이스

오스트리아의 국화인
에델바이스
© Bernd Haynold

영원히 나의 조국을 축복해다오

〈사운드 오브 뮤직〉, '에델바이스'

에델바이스는 알프스와 같은 고산에서 자라는 국화과의 야생화로 창 모양을 한 꽃잎이 부드러운 털로 덮여 있어 그 모습이 매우 순수해 보인다. 남아메리카의 안데스 산맥뿐 아니라 한국의 고산인 설악산, 지리산, 한라산에서도 자생적으로 자라고 있는 것이 발견되었다고 한다. 오스트리아가 에델바이스를 국화로 정한 것은 게르만 민족주의의 반영이 아닌가 생각된다. 왜 그들은 다른 나라와 아름다운 꽃까지 공유하지 못하고 독점하려 할까? 본 트랩 대령이 나치의 박해를 피해 알프스를 넘으며 이 노래를 불렀지만 그에게도 게르만 민족주의의 피가 흐르는 것이 아닐까하는 생각을 부질없이 해본다.

헬브룬 궁전 관광을 마치고 우리는 맥주 공장으로 향했다. 스티글브로

212

이(StieglBrauerrei)라는 맥주를 만드는 공장으로 공정과정을 살펴본 뒤 마지막 코스로 그 과정을 거친 맥주를 시음해 보는 투어였다. 시음장 옆에는 스티글브로이 상표가 새겨진 주석, 유리, 도자기로 만든 각종 맥주 컵을 파는 가게도 있었다.

잘츠부르크 첫날 마지막 일정은 호헨잘츠부르크 성을 올라가는 것이었다. 호헨잘츠부르크 성은 잘츠부르크 구시가지에서 가장 높은 언덕 위에 있기 때문에 푸니쿨라(funicular)라는 산악기차를 타고 올라가야 한다. 우리는 한참을 기다린 끝에 푸니쿨라를 타고 올라갔다. 성안은 잘츠부르크 페스티벌 준비로 인해 곳곳에 출입금지 간판이 세워져 있어 괜히 야속한 마음이 들었다.

호헨잘츠부르크 성은 군사적 방어 목적으로 지어졌기 때문에 곳곳에 포대가 있었다. 그리고 기독교 예배당과 예수 그리스도 상도 있었다. 전쟁과 평화는 동전의 양면과 같은 것인가? 성에 올라 이 질문에 대한 해답을 구했다. 이 성의 군주와 기사들은 평화를 유지하기 위해 대포를 설치하는 등 전쟁에 대비하면서도 "그리스도의 사랑보다 더 좋은 것은 아무것도 없다"(nihil amori Christi praeponere)는 말에 따라 평화의 왕 예수 그리스도께 전쟁을 피할 수 있게 해달란 기도를 올릴 수 있도록 곳곳에 예배당을 만들어 놓은 것은 아닐까. 구약에 나오는 여호와는 무서운 분이 아니다. 기대고 싶고, 응석 부리고 싶고, 간절히 소망하는 바는 들어주실 것 같고, 외롭고 험한 길을 가더라도 늘 동행해 주시는 분이다. 크리스천인 성안 사람들은 신분에 상관없이 그 좋은 예수님을 향해 아시시 성의 성 프란체스코가 했을 '평화를 위한 기도'를 올리지 않았을까 추측해 보았다. 그리고 사람들이 분주하게 잘츠부르크 페스티벌을 준비하는 모습을 보니 전쟁의 상흔을 치유하고 지금의 평화에 감사하는 듯해보였다.

히비스쿠스 식당

잘츠부르크 둘째 날은 흩어져서 관광하기로 했다. 김 교수 부부는 소금광산으로 유명한 할슈타트 주위의 광산과 호수를 둘러보고 난 후 운터스베르크 산(Untersberg Mountain, 1,776미터)에서 알프스 산의 파노라마와 같은 경치를 즐기기로 했고, 우리 부부는 구시가지를 관광한 뒤, 저녁 7시에 모차르테움 학교 근처에 있다는 한식당 히비스쿠스(Hibiskus, 무궁화)에서 만나 오랜만에 한식을 먹기로 했다.

우리 부부는 잘자흐 강의 유람선에 몸을 실어 잘츠부르크를 둘러본 뒤 구시가지로 이동해 바로크 양식의 성당과 교회, 모차르트의 생가와 동상을 구경했다. 점심은 잘츠부르크 광장에서 간단히 해결한 뒤 자작나무와 가로수 나무의 녹음이 우거진 그늘에서 휴식을 취했다. 한식당으로 가기 전 구시가지의 상점들을 구경하기 위해 일찍 움직였다. 그 중 우리는 라벤더 꽃가루를 파는 가게에서 향주머니를 몇 개 샀다.

이제 미라벨 궁전이 있는 신시가지로 건너가 그리고 그리던 한식을 먹을 차례다. 우리 부부는 김 교수 부부가 오기 전에 식당을 찾아놓으려고 예정보다 일찍 강을 건너 신시가지로 이동해 인터넷과 관광안내서에서 몇 번이나 확인한 한식당 히비스쿠스를 찾아갔다. 그런데 이게 어찌된 일인가? 아무리 찾아도 히비스쿠스가 없는 것이었다. 우리는 아시아 레스토랑, 한국말로 표기된 상점 등 여러 곳에 들러 히비스쿠스를 수소문했지만 찾을 수 없었다. 식당을 찾다 지친 우리 부부는 마지막으로 한 사람에게만 더 물어보자 하고, 지나가던 오스트리아 젊은이에게 히비스쿠스에 대해 물었다. 그런데 이게 웬일인가. 바로 50미터 전방 모차르테움 학교 담 중간쯤에 이 식당이 있다는 것이다. 마침내 우리는 그 젊은이가 알려준 위치에서 '히비스쿠스'라고 조그맣게 쓰인 간판을 찾을 수 있었다. 반가운 마음에 서둘러 뛰어가 4인 좌석 테이블을 예약했다. 김 교수 부부도 우리 부부처럼 길을 헤맬까 걱정되어 식당 밖에서 기다리고 있었는데 여행을 많이 다닌 베테랑 부부답게 저 멀리서 식당을 향해 걸어오고 있는 게 아닌가. 나는 너무 반가운 나머지 소리까지 지르고 말았다.

한식당 히비스쿠스는 상당히 큰 식당이었다. 아마 잘츠부르크를 방문하는 한국관광객들이 증가하여 다른 지역과는 달리 장사가 잘되는 것 같았다. 김 교수와 필자는 히비스쿠스에서 오랜만에 소주를 마셨고 그립던 맵고 짠 한국음식을 풍성하게 먹었다. 역시 잘 먹고 나니 마음까지 훈훈해지는 것 같았다. 게다가 오스트리아 국화 에델바이스의 도시 잘츠부르크에서 대한민국의 국화 무궁화(히비스쿠스) 한식당에서 식사를 하니 감개무량하기도 했다.

참고로 무궁화에 대해 부연설명을 하고자 한다. 무궁화는 성경에 나오는 '샤론의 장미'이다. 구약성서 중 하나인 《아가》(Song of Songs) 2장 1절에서 "나는 샤론의 장미요, 골짜기의 백합화로다"(I am a rose of Sharon, a lily of the valleys)라는 구절에서 나오는 꽃이 무궁화이다.[18] 필자는 미국 워싱턴 D. C. 의 조지타운대학교 초빙교수로 있을 때 메릴랜드 포토막 강변 근처에서 살았다. 그래서 근처에 있는 그레이트 폴스 국립공원에 자주 갔는데 공원 안 포토막 강변에는 한국의 무궁화보다 훨씬 크고 색이 진한 무궁화가 많이 피어 있었다. 고맙게도 그 옆에 무궁화에 대한 설명이 적힌 작은 간판이 있었는데 그 덕분에 무궁화에 대해 자세히 알게 되었다. 한국의 국화로 표기된 무궁화의 원산지는 시리아와 레바논으로 동지중해 지역에서 잘 자란다고 한다. 한국의 경우 남부와 같은 따뜻한 지역에서 잘 자란다. 지금도 미국의 메릴랜드, 버지니아, 노스캐롤라이나에서 많이 피고 있다.

한국의 국화에 대한 단상을 좀더 이야기하면, 해방 후 우리나라의 '건국의 아버지들'은 진달래를 국화로 정하려 했지만 북한의 김일성이 이미 진달래를 국화로 쓰고 있다는 것을 알고 일본강점기에 국화로 불리던 무궁화를 그대로 이어 오늘날까지 유지하고 있다. 그런데 필자는 진달래가 우리나라의 국화로 더 잘 어울린다고 생각한다.[19] 왜냐하면 첫째, 진달래는 성미 급한 '빨리빨리'의 한국인들의 모습과 매우 닮았기 때문이다. 진달래는 이른 봄 철쭉, 영산홍 등이 피기 전인 4월경에 맨 먼저 꽃을 피워 맨 먼저 진다. 그러면 그때서야(5~6월) 철쭉이 핀다. 이러한 맥락에서 진달래는 한국인과 많이 닮았다. 시카고대학교 슈미터 교수는 필자와 동해안을 같이 여행한 후 다음과 같이 말했다. 한국인들은 자신들이 이탈리아인들과 닮았다고 생각하지만 자기가 보기에는 아일랜드인들과 닮았다는 것이다. 한국인들은 성미가 급하고 화를 잘 내며, 정치에 관심이 많은 반면 이탈리아인들은 늘 낙천적이고 긍정적이며, 정치에는 관심이 없기 때문에 공통분모가 적다는 것이다. 유일한 공통점이라면 노래를 잘 한다는 것뿐이라면서 말이다. 나는 그의 이론이 꽤 그럴 듯하다고 생각한다.

　둘째, 진달래는 한국인의 의식 구조를 지배하고 있는 한(恨)의 문화를 너무나 절절히 보여주는 꽃이기 때문이다. 한국인들이 가장 애송한다고 하는 김소월의 〈진달래꽃〉은 한국인의 한의 정서를 시선 이백처럼 천의무봉의 시와 운율로 보여준다.

　　나보기가 역겨워 가실 때에는 말없이 고이 보내 드리오리다
　　영변에 약산 진달래꽃 아름 따라 가실 길에 뿌리오리다
　　가시는 걸음걸음 놓인 그 꽃을 사뿐히 즈려밟고 가시옵소서
　　나보기가 역겨워 가실 때에는 죽어도 아니 눈물 흘리오리다

　　　　　　　　　　　　　　　　　　　　　　김소월, 〈진달래꽃〉

　마지막으로, 진달래는 한국 민주화의 꽃이었고 북한에서도 민주화 바람을 일으킬 혁명의 꽃이기 때문이다. 진달래는 이른 봄 꽃샘추위로 다른 꽃들과 같이 앙상한 모습을 하고 있지만 봄바람이 조금만 불어주면 순식간에 주변을 분홍빛으로 물들이는 전염성이 강한 시민혁명의 꽃이다. 그래서 봄바람이 부는 4~5월의 한국에서는 4·19라는 위대한 시민민주혁명의 물결이 진달래가 온 산에 퍼지듯 한국 전역으로 퍼졌고, 진달래가 질 무렵인 6월(1987년)에는 자력으로 민주화를 이끌어 내었다.

　최근 민주화의 물결이 세계적으로 불면서, 민주화 사례들을 차별화하기 위해 꽃의 이름을 붙이는 것이 유행이 되었다. 1974년의 포르투갈 민주화 혁명은 카네이션 혁명, 2003년에 동유럽의 그루지아의 민주

화 혁명은 장미 혁명, 2004년 우크라이나 민주화 혁명은 오렌지 혁명, 2005년 키르기스스탄 민주화 혁명은 튤립 혁명이라 이름 지어졌고 가장 최근에 일어난 튀니지의 민주화 혁명(2011년)은 재스민 혁명이라 명명되어 북아프리카와 중동에 '아랍의 봄'을 선도하였다. 그러자 중국의 민주화 운동가들은 재스민은 중국을 대표하는 꽃이자 차(茶)인데 어찌 중국에서는 재스민 혁명이 일어나지 않는가라고 탄식하며 인터넷 커뮤니티를 동원해 중국판 재스민 혁명을 시도했으나 모두 공안에 잡혀갔다고 한다. 그러나 북한은 다를 것이다. 북한의 '인민'들은 지금 꽃샘추위에 떨고 있는 앙상한 가지처럼 북한의 3대 세습 독재자의 압제에 저항하지 않고 가만히 때를 기다리고 있을 것이지만, 일단 북한 인민의 가슴속에 진달래가 피면 그것은 엄청난 전염성을 가지고 북한 전역을 붉게 물들여 마침내 북한을 민주화하는 북한판 '진달래 혁명'을 성공시킬 것이라고 확신한다.

그런데 김일성은 이러한 미래를 예측이라도 한 것일까? 북한의 국화를 진달래에서 목란으로 바꾸고 이를 공식적인 북한의 국화로 교시했다. 1991년 현장지도 중 우리가 박꽃으로 부르는 흰 꽃은 목련과 모란을 합성하여 '목란'이라 명명한 뒤 향기로우면서도 생활력이 강하다는 의미를 부여하면서 북한의 국화로 교시한 것이다. 그 후 우리나라에서 북한이 진달래를 국화로 선점했기 때문에 대한민국의 국화로 지정할 수 없다는 논리는 통하기 어렵게 되었다. '은근과 끈기'의 꽃으로 불리는 무궁화가 한국의 시민혁명과 맞지 않다고 생각하는 한국인들이 국화를 바꾸자는 운동을 일으킬 수도 있는 것이다. 필자는 무궁화도 좋아하고 진달래도 좋아하기 때문에 나라꽃에 대한 특정한 선호는 없다.

우리는 히비스쿠스에서 식사를 하며 북한의 국화에 관한 토론을 펼쳤다. 필자가 김일성이 목란을 국화로 지정했기 때문에 진달래는 더 이상 북한의 국화가 아니라고 했더니, 김 교수가 안도현 시인의 〈무식한 놈〉이라는 유머러스하고 뼈있는 시를 인용하면서 우문에 대한 현답을 주었다. 북한의 국화가 진달래냐, 목련이냐를 구별 못하는 사람이나, 쑥부쟁이와 구절초를 구별 못하는 사람이나 '무식한 놈'인 것은 매한가지이다.

쑥부쟁이와 구절초를
구별하지 못하는 너하고
이 들길 여태 걸어왔다니
나여, 나는 지금부터 너하고 절교(絶交)다

안도현, 〈무식한 놈〉

나는 쑥부쟁이와 구절초를 구별하지 못해 안도현 시인으로부터 '무식한 놈'으로 분류될 뻔했다. 김 교수의 설명에 의하면 구절초나 쑥부쟁이나 야생국화로 언뜻 보기에는 구별하기 힘들 정도로 비슷하지만 자세히 보면 구절초는 한줄기에 한 송이 꽃이 올라오고, 쑥부쟁이는 한줄기에 여러 송이의 꽃이 올라온다는 것이다. 우리가 흐바르 섬에서 라벤더와 닮은 보라색 꽃이 있어 라벤더라고 했더니 김 교수 부인이 그 꽃은 라벤더가 아니라며 자세한 설명을 해준 기억이 있는데, 부창부수라 참으로 지혜롭고 아는 것이 많은 부부다. 공자가 자신은 생이지지자(生而知之者)가 아니라고 했듯이 김 교수 부부도 수많은 산과 들판을 다니며 얻은 지혜와 지식이 아닐까 생각되어 새삼 존경스러웠다.

그렇다. 우리가 역사, 문화, 자연이 아름다운 아드리아 해와 지중해 그리고 알프스를 돌아 긴 여행을 하고 있는 것은 생이지지자(生而知之者)가 아니기 때문이 아닌가. 우리는 경험과 답사, 그리고 옛사람들이 남긴 기록을 통해 배우고 또 배우고 있는 것이 아닌가. 천하의 대성인인 공자는 참으로 겸손한 분이다. 물론 공자는 "태어나면서부터 스스로 아는 사람이 으뜸이고, 배워서 알게 된 사람이 그 다음이며, 깨닫지 못한 것을 괴로워하며 힘써 배우는 사람은 그 다음이고, 깨닫지 못했는데 힘써 배우지 않는 사람은 모든 백성 가운데 가장 하류(下流)이다"(子曰, 生而知之者 上也, 學而知之者 次也, 困而學之 又其次也, 困而不學 民斯爲下矣) 라는 것을 알고 있었다. 그러나 스스로 몸을 낮추어 '배움을 통해 지식을 쌓는 사람'(學而知之者)이 되어 '도를 물으려' (問道) 했다. 우리 부부가 히비스쿠스를 찾느라 고생한 것도 충분히 문도하지 않았기 때문이다. 필자가 좀더 열심히 뛰어다니며 물었더라면 좀더 빨리 찾을 수 있었을 것이다. 결국 식당 위치를 알려준 사람은 지나가는 행인이 아니었던가. 그래서 공자님 말씀처럼 우리는 강도로부터도 배울 것이 있다는 것을 알아야 한다. 왜냐하면 강도를 만나면 왜 강도가 되어서는 안 되는지, 그리고 강도가 들끓는 사회를 근절하려면 사회를 어떻게 개혁해야 하는지를 알 수 있기 때문이다.

우리는 히비스쿠스에서 여정을 통해 도를 묻고 고쳐야 할 행동을 깨우치는 학습을 하였다. 그렇게 알프스 산자락의 밤은 깊어갔다.

로만티셰슈트라세 낭만가도의 보석
로텐부르크

잘츠부르크를 지나 오스트리아 알프스 산을 넘어 독일로 들어가 다시 아우토반을 타고 뮌헨 외곽을 지나 아름다운 로만티셰슈트라세로 들어갔다. 로만티셰슈트라세(Romantische Strasse)는 퓌센과 뷔르츠부르크 사이에 있는 아름다운 길과 도시 그리고 성을 말한다. 그리고 로마 시대에 건립된 아우스부르크, 타우버 강을 굽어보는 아름다운 도시 로텐부르크(Rotenburg)가 있다. 노들링겐, 딩켈스빌, 로텐부르크와 같은 프랑코니아 지방의 아름다운 중세도시는 16~17세기 사이에 왕과 귀족뿐만 아니라, 성안의 부르주아지와 성 밖의 농민들이 함께 만든 것이다.

　로만티셰슈트라세에 닿아 있는 여러 도시 중 가장 아름다운 도시는 로텐부르크이다. 1994년 베를린에서 세계정치학회가 열릴 때 필자는 괴팅겐대학교에 유학 중인 제자를 만나 로텐부르크에 간 적이 있다. 중세가 그대로 보존되어 있어 마치 과거에 와있는 듯한 기분을 들게 했다. 당시에 제자와 함께 로텐부르크 광장에 있는 조그마한 맥줏집에서 필스너(pilsner) 타입의 생맥주를 마셨는데 그 맛이 어찌나 감칠맛 나던지 오랫동안 잊지 못했다. 당시 맥주를 주문하고 밖에서 기다리는데 10분이 지나도 주문한 맥주가 나오지 않아 확인을 해보니 가게주인이 컵의 금테까지만 거품이 내려오도록 따르느라 연신 생맥주를 부었다버렸다 하고 있는 것이었다. '독일병정'이란 말이 있듯이 독일인들은 정말 정확하다는 것을 새삼 느꼈다.

로텐부르크 구시가지 성곽 입구 ⓒ 임혁백

중세의 모습이 그대로 살아 있는 로텐베르크 거리 ⓒ 임혁백

이후 약 19년 뒤 다시 찾은 로텐부르크는 원색의 도시이기도 한 듯했다. 로텐부르크의 이름을 풀어쓰면 'red fortress on the Tauber river' (타우버 강을 내려다보는 붉은 성) 가 되듯이 타우버 강 위로 솟은 로텐부르크 성안에는 붉은색 지붕을 가진 집들이 성을 가득 메우고 있었고 테라스에는 제라늄이 잔뜩 핀 바구니가 걸려 있었다. 좁은 길목에는 가게들이 줄을 짓고 있었는데 모두 원색의 무늬와 글자를 새긴 간판을 달고 있었다. 시내에는 크리스마스 장식품으로 유명한 가게가 있었는데, 진열된 장식들이 어찌나 예쁘고 귀엽던지 우리의 두 부인네들의 혼을 빼놓은 것 같았다.

두 부인네가 가게를 구경하는 동안 필자와 김 교수는 길가 테라스에 앉아 맥주를 마셨다. 10년이면 강산도 변한다는데 독일의 맥주 맛은 어찌된 일인지 변함이 없었다. 로텐부르크 하면 빼놓을 수 없는 전설적인 이야기가 있다. 바로 누쉬(Georg Nusch) 시장 이야기이다. 신교 (프로테스탄트) 와 구교(가톨릭) 간에 벌어진 종교전쟁인 '30년 전쟁' (1618~1648) 시기인 1631년 구교 사령관인 틸리 장군이 로텐부르크 성을 함락한 뒤, 로텐부르크의 시민 중 누군가가 3.25리터의 대형 포도주잔에 로텐부르크 와인을 가득 부어 이를 단번에 마신다면 로텐부르크를 파괴하지 않을 것이고, 만약 그런 자가 나오지 않는다면 로텐부르크를 완전히 파괴하겠다고 선언했다. 이때 로텐부르크의 시장인 누쉬가 자원했고 이를 성공시켜 로텐부르크를 구했다는 이야기이다. 이를 기념하고자 로텐부르크는 매년 9월 성령강림절 축제(Whitsun Festival) 때 술 마시기 대회를 연다고 한다.

로텐부르크는 난공불락의 성곽도시이다. 견고한 성이 있기에 아름다운 로텐부르크가 안전하게 유지되었고, 설사 성이 함락되더라도 누쉬와 같은 용감한 인물이 있었기에 중세를 가장 완벽하게 보존하고 있는 로만티셰슈트라세의 한 도시로 남아 전 세계의 관광객들을 유혹하고 있는 것이다.

우리는 성을 따라 걸으면서 차를 세워둔 남문 타워를 찾고 있었는데 얼마나 더 걸어가야 하는지 감이 오지 않았다. 한참을 걷다 타우버 강이 보이는 로텐부르크 성곽 위를 무작정 걸을 수는 없다고 생각해 근처에 있는 젊은 폭주족에게 길을 물었다. 혹시나 무서운 일을 당하지는 않을까 하여 여러 번 고민을 하다 말을 붙인 것이었는데 그 젊은이는 주차장이 어느 방향에 있으며 거리가 얼마 남았는지 직접 알아봐주겠다고 하는 것이었다. 우리는 농담이겠거니 하고 그렇게 해주면 고맙겠다고 대답했는데 그 청년은 우리의 대답을 듣자마자 쏜살같이 오토바이를 몰고 가는 것이었다. 우리는 그 청년이 다시 돌아오지 않을 것이라 생각했지만 밑져야 본전이니 속는 셈치고 잠시 쉬며 기다려보기로 했다. 그런데 얼마 지나지 않아 우리 시야에 나타난 그 청년은 멋지게 오토바이를 세우고는 주차장으로 가는 방향과 거리, 방법에 대해 상세히 알려주고는 〈황야의 무법자〉의 클린트 이스트우드처럼 오토바이를 몰고 자리를 떠났다. 우리는 그에게서 독일인의 특성 중 두 가지를 발견했다. 독일인들이 늘 무뚝뚝하고 권위주의적이지만은 않다는 것과 반드시 약속을 지킨다는 것을 말이다. 그리고 그는 떠나면서 두 여성분은 그늘에서 쉬게 하고 남자 둘이서 차를 가져오는 기사도 정신을 발휘하는 것이 좋겠다는 말 또한 남겨 나와 김 교수를 멋쩍게 했다. 우리는 그의 충고를 받아들여 3킬로미터를 걸어 주차장에 도착한 뒤, 차를 몰고 두 여성분을 공손히 모신 뒤 다음 기착지인 밤베르크로 향했다.

작은 베네치아로 불리는 즐거운 중세의 보석
밤베르크

밤베르크(Bamberg)와 로텐부르크는 동부 바이에른 주 지방에 있는 중세도시로 독일인들보다 외국 관광객들에게 더 사랑받는 도시들이다. 밤베르크는 로텐부르크에서 불과 한 시간도 채 걸리지 않는 가까운 곳에 있었다.

밤베르크의 거주민은 로텐부르크보다 7배나 많은데 그래서인지 밤베르크에는 신시가지가 형성되어 있었고 아파트도 많았다. 우리는 현대식 아파트촌의 길가에 차를 세우고 '작은 베네치아'(Little Venice)로 불리는 프랑코니아(Franconia) 지방의 밤베르크 구시가지를 찾아 나섰다. 우리는 강이 있어야 리틀 베네치아 밤베르크를 찾는다는 논리로 우선 강을 찾아 나섰다. 마침내 강을 만났는데 베네치아에서 본 작은 운하와 같은 작은 강이 아니라 상당이 폭이 넓은 강이었다. 지나가는 행인에게 물으니 구시가지 지역은 이곳이 아니고 더 안으로 들어가야 한다며 가는 길을 설명해 주었다.

밤베르크의 구시가지는 로마와 같은 오래된 도시의 아름다움을 지니고 있어 '프랑코니아의 로마'라고 불리기도 한다. 그런데 옆에 있던 관광 가이드는 오히려 로마가 '이탈리아의 밤베르크'라고 우겼다. 로마와 밤베르크는 닮은 점이 많은데 둘 다 유네스코 세계문화유산 지정도

독일의 작은 베네치아라고 불리는 밤베르크 운하 ⓒ 임혁백

시인 데다 아름다운 궁전, 시청, 교회, 강이 있고 7개의 언덕 위에 세워졌다는 지형적 유사성도 있다.

밤베르크 광장에는 마침 저녁노을의 그림자가 드리우고 있었다. 넓은 고도의 광장에는 관광객들이 버리고 간 쓰레기가 흩날리고 있었다. 좀더 걸으니 운하가 나타났다. 페그니츠 강(River Pegnitz)은 여러 부분을 가르거나 혹은 이어주고 있었는데 중심 부분에는 성당이 있었고 강에는 섬이 있었다. 노트르담 성당처럼 강물이 갈라지는 작은 삼각주의 끝부분에는 아름다운 구시청이 있었으며 포세이돈 분수(1880)는 바이에른의 왕 막시밀리안 1세의 동상 옆에서 물을 뿜고 있었다. 강물이 두 개로 갈라지는 요지에 있는 구시청의 모습은 정말 아름다웠다. 고

밤베르크의 시청사. 마치 호수 위에 떠 있는 듯하다 ⓒ Berthold Werner

딕 양식과 로코코 양식이 절묘하게 혼합된 이 건물은 밤베르크의 수많은 건축물 중에서 가장 독특한 건물로 꼽힌다. 양 옆으로는 강을 연결하는 다리가 있어 그 아름다움을 더해 주고 있었다. 그리고 운하 근처에는 바로크 양식의 성 야곱 교회, 밤베르크 성당, 그리고 구 궁전이 어우러져 있었다.

밤베르크는 독일 보수우익의 본거지로 그들을 대변하는 기사당이 일당독재를 해온 도시이다. 그러나 최근 밤베르크 시민들이 기사당을 추종하지 않기로 하면서 1994년 시장선거에서 무소속 후보인 라우어(Herbert Lauer)를 시장으로 선출하였고, 2006년에는 사회민주당 후보 안드레아스 스타르케(Andreas Starke)를 시장으로 선출하였다. 밤베르크의 명성답게 시민들 또한 높은 정치의식을 보여주고 있어 마침내는 바이에른 주의 보수우익의 철옹성을 무너뜨리는 기폭제의 역할을 하지 않을까 기대한다. 밤베르크 시민들의 높은 정치의식은 바이에른 주가 독일 민주주의 속의 권위주의 섬이라고 불리는 수모를 겪지 않게 해주었다. 민주주의는 무엇보다도 여당과 야당 간의 정권교체에 있다. 바이에른 주는 전후 60년 이상 기사당의 일당독재 체제였다. 이제 그 일당독재 시대가 끝나면 독일에서 가장 부유한 지역으로 다원주의적 민주주의가 도래할 것이다.

튀링겐의 '숨은 보석'
헬트부르크 베스테 성을 보다

석양이 드리워지기 시작하는 상당히 늦은 시간에 밤베르크를 출발하여 숙소를 예약한 헬트부르크(Heldburg)를[20] 향해 달렸다. 그런데 내비게이션이 고속도로 아닌 좁은 시골 국도로 안내하는 것이다. 이상했지만 우리가 믿을 수 있는 건 내비게이션밖에 없었기에 안내하는 대로 차를 움직였다. 시골 국도의 주변에는 밀밭이 펼쳐져 있었다. 석양과 함께 황금빛 밀밭을 달리니 정말 환상적이었다. 즐거움도 잠시 내비게이션의 안내에 따라 밀밭 언덕을 돌고 돌아도 목적지인 헬트부르크가 나타나지 않는 것이었다. 극한의 불안이 우리를 엄습할 즈음 마침내 헬트부르크 사인이 나타났다. 안도의 한숨을 쉬며 우리는 헬트부르크 읍내에 있는 숙소를 찾았다. 그런데 주인이 없는 것이다. 문을 두드려도 인기척이 없자 이곳저곳을 둘러보았는데 문 주위에 환영인사와 함께 열쇠는 어디에 있고 내일 아침은 몇 시에 한다는 등의 내용이 적힌 작은 메모가 있었다. 우리는 열쇠를 찾아 문을 열고 방으로 향했다.

튀링겐 지역에서도 외딴곳인 이곳의 호텔을 인터넷으로 예약하고, 지도에도 잘 나와 있지 않은 지역을 어두운 시간에 아무 두려움 없이 차를 몰고 찾아간다는 것은 이전에는 상상도 할 수 없는 일이었다. 인터넷 혁명 덕분에 불가능했던 것들이 가능해졌다. 인터넷 혁명의 위력을 새삼 확인할 수 있었다. 다음 날 시간에 맞추어 아침을 먹기 위해 1층으로 내려갔더니 주인이 우리를 기다리고 있었다. 놀라운 것은 손님이 우리뿐일 거라 생각했는데 장년의 독일인 손님들도 있었다. 인터넷

이 아니었다면 어떻게 그들 또한 이런 보석 같은 곳과 이 지역의 호텔을 예약할 수 있었을까? 이러한 생각은 더 나아가 IT혁명의 양면성에 대해서도 생각하게 했다. IT는 한편으로는 새로운 혁명적 문명의 이기(利器)이자 새로운 일자리를 낳는 원천이지만, 다른 한편으로는 우리에 관한 모든 정보가 디지털화됨으로써 우리를 24시간 감시하는 '원형 감옥'이 될 것이다. 필자는 IT에 관한 긍정적 견해에 수긍하는 한편 IT의 부정적 측면에 몸을 떨었다.

맛있게 아침을 먹고 마을 뒷산의 정상에 있는 베스트(Veste) 성으로 향했다. 베스트 성은 중세 시대인 1374년에 405미터 높이로 수축되었고, 1560년에 르네상스 양식의 성으로 재건되었다. 나는 별 기대 없이 산보의 개념으로 성에 들른 것이었는데 튀링겐의 '숨은 보석'이라는 말이 허언이 아니었다. 성의 규모는 다른 성에 비해 그리 크지 않았으나 매우 아름답고 신비로웠다. 성은 원통형 몸체에 깔때기를 엎어놓은 듯한 탑을 중심으로 오른쪽에는 집무실이 있고 건물 끝에는 푸른 용을 죽이고 있는 기사의 그림이 그려져 있었다. 그 그림에 매우 놀라 연신 사진을 찍었는데 아마도 독일 신화에 나오는 청용을 죽이는 어떤 용감한 기사의 이야기를 그려놓은 것 같았다. 여기서 서양인들이 보는 용과 동양인들이 보는 용의 차이를 실감했다. 서양인들은 용을 사악한 존재의 상징으로 보고 죽여야 하는 것으로 믿는 반면, 동양인들은 용을 상서로운 동물로 여겨 황제와 같은 권력의 상징으로 본다. 또한 하늘로 승천하여 지상의 인간을 관대하게 지배해 줄 것을 바란다.

성안 왼쪽에는 거실, 침실, 그리고 도서관이 있었다. 문이 잠겨 있어 들어가 보지는 못했으나 이 조그마한 산성이 모든 것을 갖춘 자급자

용을 죽이는 용맹한 기사를 표현한 베스트 성의 교회 외부 벽화 ⓒ 임혁백

족적 성이라는 것은 짐작할 수 있었다. 그런데 이렇게 아름다운 성이 제2차 세계대전 후 동독에 소속되면서 소련군에 의해 상당 부분 파괴 된 적이 있다고 한다(다행히 2006년에 복원되었다).

카우츠키, 에르푸르트 강령, 독일 사회민주당

오늘은 괴팅겐으로 돌아가는 날이다. 그러나 괴팅겐으로 귀환하기 전에 정치학자로서 꼭 들러야 할 곳이 있어 김 교수에게 한 가지 청을 했다. 바로 카우츠키가 중심이 되어 독일 사회민주당을 이끌어갈 에르푸르트 강령을 채택한 도시 에르푸르트(Erfurt)에 들르자는 청이었다. 김 교수와 그의 부인은 나의 청을 흔쾌히 승낙해 주어 우리는 에르푸르트로 향했다.

튀링겐 지역의 광활한 대지에는 밀밭의 황금물결이 일고 있었고 풍성한 식탁을 보장하는 금쪽같은 밭으로 되어 있었다. 우리가 프랑크푸르트 공항에서 차를 빌려 괴팅겐으로 갈 때 필자는 푸른 밀밭을 보며 "우리가 지중해와 아드리아 해를 한 달 동안 여행하고 돌아오면 황금빛 들녘으로 변해 있겠구나"라고 이야기했는데 이 말이 적중한 것이다. 독일 중부지역의 들판은 수평선이 보이는 낮은 구릉지역으로 풍요의 땅이다. 이 풍요로운 평야를 바탕으로 독일이 유럽과 세계를 제패하겠다는 꿈을 꾼 것이 아닐까 하는 생각을 하니, 이보다 면적이 넓은 땅을 가진 중국이 무모한 꿈을 꿔 실행에 옮기려 한다면 우리나라에 어떤 일이 벌어질지에 대해 상상하니 온몸이 오싹해졌다.

두 시간 정도 차를 몰아 에르푸르트 시에 들어서니 두 개의 첨탑이 우리를 반겼다. 사회민주당이 탄생한 이 도시는 정치적이기보다는 종교적이었다. 에르푸르트는 언덕에 있는 성에서부터 도시가 전개되는 전형적인 중세성곽도시의 모습을 하고 있었다. 에르푸르트는 사회민주당의 탄생지인 고타(Gotha)를 바로 옆에 두고 있으며 독일 사회민주당의 강령이었던 에르푸르트 강령이 채택된 도시(1891년)이자 사회민주주의와 사회민주당이 출범한 곳으로, '사회민주당'의 중심지이다.

에르푸르트 이웃도시 예나(Jena)는 '정신의 자유향'이라고 일컬어지는 곳으로, 당시 기준으로 자유와 진보의 대변인인 나폴레옹이 예나전투에서 승리한 뒤 말을 타고 입성하자 철학자이자 사상가인 헤겔이 "마상(馬上)에서 세계정신(weltgeist)이 지나가고 있다"라고 찬미했다고 한다. 또한 나폴레옹은 유럽 왕가를 중심으로 한 기득권 반동세력과의 전쟁을 통해 프랑스 혁명의 기본정신인 자유이념을 전 유럽에 전파하여 구체제와 봉건질서를 무너뜨리는 촉매 역할을 했다고 말했다. 많은 사람들은 헤겔이 전쟁의 승자에게 아첨하는 것이 아닌가하고 비판하였지만 이 발언만큼은 진보적인 헤겔의 모습을 여실히 보여주는 것 같다. 왜냐하면 나폴레옹은 자신의 진보사관에서 이야기하는 최종목적지인 자유이념의 실현을 위해 노력한 '위대한 집정관'이였기 때문이다. 그래서 헤겔은 나폴레옹이 예나에 입성할 때 '자유의 나무'를 심기까지 했다고 한다. 나폴레옹이 독재자냐, 아니냐는 하는 문제는 헤겔에게 중요하지 않았다. 그에게 중요했던 것은 나폴레옹과 같은 탁월한 지도자야말로 세계정신이자 역사적 필연으로 다가올 최고도의 자유이념의 구현을 앞당기는 역사의 도구, 이성의 간계의 역할을 수행할 수 있다는 것이었다.

베토벤 또한 나폴레옹을 세계정신인 자유이념의 구현자로 보고 나폴레옹을 위해 교향곡 제3번 〈영웅〉(Eroica)을 작곡해 나폴레옹에게 헌정하려 했으나, 그에게 실망한 베토벤은 이 곡의 서문을 "이 교향곡을 나폴레옹에게 헌정합니다"에서 "이 교향곡은 위대한 사람의 기억을

에르푸르트 대성당 ⓒ 임혁백

축복하고자 했습니다"로 변경해 발표했다고 한다. 베토벤은 평소 나폴레옹을 일컬어 가난한 이들의 영웅이라고 이야기하곤 했다고 한다. 그러나 그렇게 숭배하던 나폴레옹이 독재자가 되어 황제에 즉위했다는 소식이 들리자 베토벤은 "나는 독재에 반대한다네"라고 하며 교향곡 제3번 〈영웅〉의 표지를 찢고 '기억'이 되어버린 영웅을 위해 썼다고 바꾼 것이다.

나폴레옹은 워털루 전투에서 패망하였지만 그의 자유이념은 프랑스의 7월 혁명(1830)과 2월 혁명(1848)을 이끈 세계정신이 되었다. 나폴레옹의 자유주의 혁명은 산업혁명과 겹치면서 산업노동자들을 동요시키기 시작했다. 노동자들에게는 다른 멘토가 있었던 것이다. 바로 마르크스와 엥겔스였다. 그들은 1848년 '만국의 노동자여 혁명을 위해 단결하라'라는 '공산당 선언'을 발표했다. "공산주의라는 망령이 유럽을 배회하고 있다"는 자극적인 문장으로 시작하여 "프롤레타리아가 잃을 것은 억압의 사슬밖에 없다. 그들은 세계를 얻을 것이다. 만국의 노동자여 단결하라"는 말로 끝나는 《공산당 선언》으로 유럽의 노동자들로 하여금 세계를 얻기 위해 정치적 투쟁에 나서라고 선동했다.

그러나 독일의 사회주의자들과 노동자들은 폭력혁명을 선택하지 않았다. 그들은 민주주의 제도에 참여하여 투표로써 정권을 잡아 사회주의 혁명을 실현하고자 했고 이를 위해 베벨(August Bebel), 리프크네히트(Wilhelm Liebknecht), 독일노동자총연합과 같은 사회주의자들이 1875년 고타에서 사회민주주의 노동자 정당(Social Democratic Workers' Party)을 조직했다. 그러나 마르크스는 이러한 선거사회주의 노선을 《고타강령비판》을 통해 비판했다. 새롭게 창당한 사회민주당은 기본 이념노선의 정립이 필요했고 이를 실행한 인물은 사회민주당의 지도자였던 카우츠키였다. 카우츠키는 1891년 사회민주당의 에르푸르트 강령을 만들었다. 이 강령은 자본주의가 발달할수록 계급은 소수의 착취자와 대다수의 노동자로 양극화되어 프롤레타리아의 해방뿐 아니라 현재 고통 받고 있는 모든 인류를 해방시킬 것이며 이를 걸고 선거에 나간다면 노동자와 자본주의에 고통 받는 모든 사람들의 표로 사회주의 정당은 선거에서 승리함으로써 '투표함에서의 혁명'을 통해 자본주의적 민주주의하에서 사회주의 혁명을 실현할 수 있다는 낙관론에 근거한 여러 가지 프로그램을 포함하고 있었다. 에르푸르트 강령은 제2차 세계대전 후 1959년 마르크스주의와 결별한 바트 고데스베르크 (Bad Godesberg) 강령으로 대체될 때까지 독일 사회민주당의 기본 노선이 되었다.

중부독일의 중추도시 에르푸르트

에르푸르트는 튀링겐의 주도일 뿐 아니라, 라이프치히와 뉘른베르크를 직경 100킬로미터와 180킬로미터에 두고 있으며, 사회민주당의 탄생지 고타(Gotha), 바이마르 공화국 수도인 바이마르, 그리고 나폴레옹 군이 프러시아, 오스트리아, 영국, 러시아 연합군을 격파하고 유럽의 패자로 등극한 전투가 있었던 예나를 이웃으로 둔 곳으로서 지리적으로나 정치적으로나 독일의 중추도시(hub)이다.

에르푸르트 성에 도착하자마자 우리는 공영주차장을 찾았는데 에르푸르트 성 지하에 대규모의 공영 주차장이 있었다. 사회민주당이 지방정부를 장악하고 있어서 그런지 공공서비스가 다른 도시보다 우수했다. 우리는 차에서 내려 엘리베이터를 타고 성 입구로 이동했다.

에르푸르트에 방문한 방문객이 첫 번째로 해야 할 일은 페터스베르크 요새(Zitadelle Petersberg)를 보는 것이다. 상당히 높은 곳에 위치한 이 요새에 오르니 전 시가지가 파노라마처럼 전개되었다. 성 위에는 성 페터스베르크 교회가 있었다. 우리는 성 바로 밑에 높고 뾰족한 쌍둥이 첨탑이 있는 대성당을 발견하고 그곳으로 향했다. 에르푸르트 대성당은 742년에 지어져 세계에서 가장 큰 종이 있는 곳으로 유명하

분위기가 매우 조용하고 차분한 에르푸르트 전경 ⓒ 임혁백

다. 대성당 주위에는 대형 교회가 있는데 성 제베리(St. Severikirche)의 관이 안치되어 있어 성 제베리 교회라고 부른다고 한다. 대성당 앞의 피시마켓(Fish Market)을 지나 좀더 걸으니 네오고딕 양식의 시청사가 보였다. 시청사 앞에는 롤란드(Roland) 동상이 있었다.

우리는 대성당 광장을 지나 도로변에 있는 식당 중 그늘 아래에 빈자리가 있는 곳을 골라 맥주와 소시지로 간단히 점심을 먹었다. 식사를 하며 광장을 둘러보고 있는데 많은 인부들이 성당 앞을 막고 무대장치들을 나르고 있었다. 필자는 광장을 지나치며 본 광고인 푸치니의 오페라 〈투란도트〉 공연을 준비하는 것으로 알았는데 다시 보니 그 공연은 이미 끝나 정리하고 있는 것이었음을 광고를 다시 보고서야 알았다.

에르푸르트는 교통의 중심지이자 각종 과일, 채소 등을 공급하는 농업도시이면서 반도체, 광학 기계 등을 생산하는 첨단산업도시이지만 분위기가 매우 조용하고 차분하다. 그런데 필자가 놀란 것은 이곳이 종교개혁의 지도자였던 루터가 대학생활을 보낸 종교도시라는 점이다. 루터는 에르푸르트대학교에서 신학 학사와 석사를 받았다. 그는 1501년부터 1511년까지 신학 대학생, 대학원생, 그리고 승려로서 이곳에서 머물렀다고 한다. 그리고 요한 세바스티안 바흐의 조카인 요한 에른스트 바흐와 아버지인 요한 암부로시우스 바흐가 태어난 곳이기도 하다. 필자가 가장 존경하는 독일 사회과학자인 막스 베버 또한 이곳에서 태어났다. 에르푸르트는 정치학도인 필자에게 많은 것을 알려주고 깨닫게 한 '정치학 학습의 도시'였다.

대학도시 괴팅겐으로 돌아가다

에르푸르트를 둘러본 뒤 우리는 괴팅겐으로 이동했다. 괴팅겐을 출발한 지 23일 후 돌아온 것이었다. 괴팅겐은 그동안 다닌 도시보다 북쪽에 위치해 있어 날씨가 서늘했다. 괴팅겐 아파트 정원은 우리가 떠나기 전 모습 그대로였다. 참나무와 마로니에는 넓은 그늘을 만들어 주었고 수국, 데이지, 루드베키아, 에키나시아 등은 활짝 꽃을 피웠다. 그런데 문제가 생겼다. 집주인이 휴가를 가면서 인터넷을 끄고 간 것이다. 여행가기 전에도 이 문제로 집주인과 불편한 일이 몇 차례 있었는데 지금은 아예 만날 수조차 없으니 인터넷을 연결해달란 말도 할 수 없다. 그런데 집주인이 여행가기 전 이웃사람에게 꽃에 물을 달라는 부탁과 함께 집 열쇠를 맡기고 간 것이었다. 나는 그 이웃사람에게 인터넷 연결을 해달라고 부탁했고 다행히 밀린 업무를 처리할 수 있었다. 그런데 이게 웬일인가. 다음 날 인터넷을 하려고 하니 연결이 다시 안 되는 것이다. 알고 보니 집주인이 이웃에게 전화해 인터넷 연결을 끊어달라고 한 것이었다. 첫 인상은 상당히 좋았는데 일부러 전화까지 하여 인터넷을 끊으라고 했다니 믿어지지가 않았다. 필자는 독일인으로부터 이런 유형의 일을 종종 당했는데 그럴 때마다 독일인들에게서 정나미가 달아났다. 특히 우리는 괴팅겐대학교를 통해 아파트를 예약했기에 집주인은 우리가 이국땅에서 온 대학교수들이니 항상 인터넷을 이용해한다는 것쯤은 알고 있었을 텐데 야박하게도 휴가를 가면서 인터넷 선을 끊어 놓았을 뿐 아니라 휴가지에서 일부러 전화까지 하여 인터넷 선을 끊어달라고 했다고 하다니 집주인으로서는 절대 해서는 안 될 행동이고 예의에 어긋나도 한창 어긋나는 비신사적인 행위였다.

괴팅겐대학교는 1737년에 문을 연 대학으로 니더작센 주에서 가장 크고 오래된 대학교이다. 이 대학교의 자랑은 세계적으로 이름난 석학들을 동문으로 갖고 있다는 것이다. 이와 관련하여 '괴팅겐을 빛낸 7인'이 있는데 《백설공주》와 같은 동화를 쓴 그림형제 야콥과 빌헬름, 신학자 하인리히 아우구스트 마이어, 물리학자 빌헬름 베버, 수학자 가우스, 정치가 비스마르크, 신학자 칼 바르트를 지칭한다. 이외에도 슈뢰더 총리, 폰 바이츠제커 대통령과 같은 정치가를 배출했고, 철학자 후설, 플레스너, 물리학자 막스 플랑크, 법학자 폰 예링 등의 인물들을 배출했다. 덧붙여 괴팅겐대학교는 30명의 노벨상 수상자를 배출하여 독일에서 가장 많은 노벨상 수상자를 배출한 대학교로도 유명하다. 노벨상 수상자로는 괴팅겐대학교 교수인 물리학자 막스 플랑크, 막스

괴팅겐 대학(천문대)

보른, 하이젠베르크, 막스 폰 라우에, 화학자 오토 한이 있고 졸업생으로는 20세기 독일의 문호 귄터 그라스 등이 있다.

괴팅겐대학교 도서관은 600만 권의 장서를 보유해 독일에서 가장 큰 도서관이라는 명성을 가지고 있고, 5개의 막스 플랑크 연구소(생물물리화학, 동역학 및 자기조직화, 실험의학, 태양계, 종교학 및 다문화), 항공우주센터, 영장류센터 등 세계적인 명성을 지닌 연구소들을 관리, 운영하고 있다. 280년의 역사를 가진 괴팅겐대학교가 유지하고 있던 많은 전통들은 점점 사라지고 있지만 여전히 고수하고 있는 전통 중 하나는 학위를 받은 학생들이 친구들이 끄는 마차를 타고 구시청(Alte Rathaus) 광장으로 와 '겐젤리젤 청동상'에 키스하는 의식이라고 한다. 아마도 졸업생들은 이 소녀상에 키스하면서 그동안 학위를 받기 위해

괴팅겐을 빛낸 7인

괴팅겐 겐젤리젤 청동상

겪었던 모든 고통과 번민을 한꺼번에 씻어내었을 것이다.

인구 13만의 괴팅겐은 독일 기준으로 중간 규모의 도시이다. 소득에 비해 고급 음식과 술을 마시는 지식인들의 취향을 반영한 탓인지 괴팅겐의 백화점 와인코너에는 그랑 크뤼 클라세(Grand Cru class, 프랑스 와인의 최고 등급) 보르도 와인이 우리나라에서는 상상도 못할 가격으로 판매되고 있었다(미국과 비교하면 삼분의 일 가격으로 판매되고 있었다). 김 교수가 이 와인이 저렴한 이유에 대해 설명해 주었는데, 독일은 라인 강 언덕에서 화이트 와인은 생산하지만 레드 와인은 많이 생산하지 못해 대부분 수입에 의존하는데, 세계의 와인 명문 국가들이 유럽에서 가장 부국인 독일에 자국의 와인을 수출하기 위해 경쟁하면서 명품 와인 가격을 낮춰 판매하기 때문이라고 한다. 괴팅겐에서 쉬면서 미국드라마 중 하나인 〈보르지아〉를 보았다. 마키아벨리가 자신의 모델이라고 극찬한 체사레 보르자와 그의 아버지 보르자(교황 알렉산데르 6세), 그의 여동생 루크레치아, 그리고 경쟁자 스포르자, 프랑스 왕 찰스 8세, 나폴리 왕 간의 동맹, 전쟁, 배신, 그리고 세력균형의 회복을 그린 드라마였다. 이 드라마를 보다 보니 극중 무대인 지중해와 아드리아 해 연안의 이탈리아 고도들이 눈에 선했다. 참으로 시의적절한 드라마 감상이었다. 지중해와 아드리아 해의 역사를 복습할 수 있었기 때문이다.

저녁에는 김 교수 지인의 초대를 받아 맛있는 식사대접을 받았다. 며칠 뒤에는 순자 씨의 집에 방문하여 멋진 파티를 했다. 순자 씨는 파독 간호사로 독일에서 한국인과 결혼한 뒤 남편과 사별하고 현재 마음씨 좋은 독일인과 결혼해 행복하게 노후를 보내고 있는 한국 여성이다.

정원이 예쁘게 가꾸어진 순자 씨 집 © 임혁백

농부인 독일인 남편은 지어진 지 200년이 넘었다는 그의 집에 많은 꽃
과 과일나무를 기르고 있었다. 처마에는 제라늄, 나팔꽃, 베고니아 등
의 꽃바구니가 주렁주렁 달려 있었다. 우리는 독일 맥주와 42도가 넘
는 네덜란드 진(schnapps), 이탈리아 브랜디(Grappa)를 마시며 이야
기꽃을 피웠다.

전쟁의 폐허를 딛고 일어선 컨벤션 도시
하노버

괴팅겐에서 쉬면서 당일로 하노버(Hanover)에 다녀왔다. 하노버는 산업박람회와 컨벤션의 도시이자 니더작센 주(Lower Saxony)의 주도로써 거주민이 50만을 넘는 대도시이다. 세계 최대의 전시장 하노버 산업박람회(Hannover Messe)는 '엑스포 2000'이 열린 곳으로 각종 박람회가 열리고 있었다. 특히 매년 세빗(ceBIT)이라는 세계 최대의 정보통신 박람회가 열리는데, 기울어진 빌딩 등 기기묘묘한 현대 건축물이 전시되어 볼거리가 많다고 한다. 하노버에는 세계적인 근대 철학자 라이프니츠의 고향답게 라이프니츠 기념도서관이 있고 매년 세계 최대의 북 페스티벌이 열린다. 하노버가 세계 최대의 박람회 도시가 된 것은 괴팅겐과 같이 한자동맹도시국가 중의 하나였다는 데에서 연유한 것이 아닐까 하는 생각을 해보았다. 자유무역의 전통은 그때부터 시작되었다고 해도 과언이 아니다.

그러나 하노버를 다녀오면서 필자의 뇌리에 깊이 박힌 것은 전쟁의 상흔이었다. 우리는 하노버에 도착하자마자 아름다운 호숫가에 그림같이 서 있는 시청사로 향했다. 시청사는 나선형 계단으로 돔 상부까지 올라갈 수 있는 구조로 되어 있었는데, 2층 전시장에는 1689년 하노버 시가 형성되었을 때의 모습, 1939년 제2차 세계대전 발발 전의 모습, 전쟁이 끝난 후 폐허가 된 모습, 그리고 오늘날의 번영을 이룬 모습을 모형으로 만들어 전쟁의 참상과 아픔을 보여주고 있었다. 1945년 종전 직후의 하노버 사진을 보면 미군의 폭격으로 시청사 주위를 빼

전후의 하노버(1945년) ⓒ 임혁백

현재의 하노버. 전후와 현재를 비교했을 때 폭격을 당하지 않고 남아있는 큰 건물이 시청사이다

ⓒ 임혁백

고 모두 잿더미로 변해 있었다. 그런데 세계 최대의 컨벤션 도시로 비약적인 발전을 하다니 '라인 강의 기적'이 라는 말이 나오지 않을 수 없었다. 그러나 필자의 가슴을 아프게 했던 것은 나치 독일의 압제하에서 신음하면서도 미군과 싸우는 나치에 협력하지 않을 수 없었고, 그 때문에 미군의 융단 폭격을 맞게 된 하노버 시민들의 육체적 그리고 심적인 고통이었다.

하노버 중심가에는 워털루 전쟁에서 웰링턴과 연합전선을 형성하여 나폴레옹을 격파한 하노버 선제후의 전공을 기리는 워털루 기념비가 있었다. 하노버 대공은 워털루 전쟁에 참가한 대가로 1815년 빈 회의에서 하노버를 선제후국에서 하노버 왕국으로 승격 받았다.

하노버를 관광하고 난 뒤 괴팅겐으로 돌아가는 길에 대형 백화점에 들렀다. 그러나 진열되어 있는 물품들이 미국이나 서울의 대형 쇼핑몰에 있는 것에 비해 질이 많이 떨어졌다. 우리나라의 소비수준이 미국에 육박하고 있다는 사실을 새삼 확인할 수 있었다.

괴팅겐을 떠나며

하노버를 다녀온 뒤 우리는 김 교수가 괴팅겐에서 지내는 동안 알게 된 박 교수로부터 저녁식사 초대를 받아 그의 집에 방문하였다. 박 교수는 화학을 전공한 괴팅겐대학교 교수로서 인상이 매우 좋은 분이었는데, 안타깝게도 우리가 괴팅겐으로 오기 얼마 전 부인이 병으로 돌아가셨다고 했다. 그러한 와중에도 옛 친구가 왔다고 식사초대를 하기에 사양하고 싶었는데 그것도 도리가 아닌 것 같아 그의 집에 방문하였다. 고맙게도 그의 딸이 베를린에서 일부러 괴팅겐까지 와 음식을 만들어 주었다. 식사 중 그의 아들도 집에 들러 그의 가족 모두를 만날 수 있었다. 박 교수는 은퇴하면 부인과 함께 여행을 다니며 노후를 보낼 계획이라고 했는데 이제는 같이 다닐 동반자가 이 세상에 없다고 말하니 뭐라고 위로의 말을 해줘야 할지 매우 애통했다.

박 교수 집에서 만찬을 한 다음 날 아침 우리는 괴팅겐을 떠났다. 김 교수 부부는 좀더 머물다 서울로 갈 것이라고 했다. 괴팅겐을 떠나 워싱턴 D. C. 로 돌아가려니 그동안 다녔던 중부독일, 오스트리아, 이탈리아의 아름다운 알프스, 지중해와 아드리아 해의 아름다운 풍광과 영광과 오욕의 역사들이 눈앞에 파노라마처럼 전개되었다. 이 모든 것은 우리 부부의 추억이 될 것이고 필자에게 지식과 지혜를 더해 주는 양식이 될 것이다.

우리 부부는 김 교수 부부와 아쉬운 작별을 한 후 프랑크푸르트 공항으로 향했다. 괴팅겐에서 김 교수 부부와 이별하고 괴테의 고향 프랑크푸르트로 이동하면서 괴테가 이탈리아 여행의 동반자이자 〈캄파니아 평원의 괴테〉라는 유명한 초상화를 그려준 화가 티슈바인(Tischbein)과 이별하면서 읊은 시로 추정되는 〈이별〉이 떠올랐다.

수천 번 입맞춤을 하고도 성이 차질 않아
또 한 번 마지막 입맞춤을 하고야 헤어졌네
쓰디쓴 나누임의 사무친 고통 뒤엔
쓰디쓴 강둑이 있었네, 힘겹게 얼른 떠났던 곳

집들, 산들, 언덕들, 강물이 있던 곳

한껏 똑똑하게 보았지, 기쁨의 보물 하나

마지막 푸름 속에 눈길의 즐거움 하나 남아 있었지

멀리 벗어난 환한 어둠 가에

그리하여 마침내, 바다가 시선의 한계를 지을 때야

내 뜨거운 갈망은 철렁, 내 마음 속으로 돌아왔지

잃어버린 내 것을 나는 찾고 있었던 것이네, 참담한 마음으로

거기서는 꼭 하늘이 반짝이는 것만 같았지

아무것도, 아무것도 나를 떠나지 않을 것 같았지

누렸던 모든 것, 그대로 지니고 있을 것만 같았지

괴테, 〈이별〉

‘잃어버린 내 것’을 찾으려 이탈리아 여행을 떠났던 괴테는 집, 산, 언덕, 강물, 그리고 쪽빛 바다를 티슈바인과 함께 눈이 즐겁도록 보고 나서, 티슈바인을 실은 배가 마침내 바다의 수평선 아래로 사라지니 그와 이별했다는 것을 실감했다. 괴테는 이탈리아 여행을 통해 잃어버렸다고 생각했던 자아를 찾았고 ‘기쁨의 보물’까지 얻었다. 괴테의 신고전주의적 여행은 성공적이었다.

그렇다면 우리는 이별을 통해 무엇을 얻었는가? 우리 부부와 김 교수 부부는 괴테처럼 거창하게 자아를 재발견하지는 못했지만 우리의 눈과 귀를 즐겁게 하기에 충분한 오페라, 고성, 궁전, 운하, 바위산, 폭포, 꽃, 성당, 구시청사를 보았고, 지중해와 아드리아 해의 역사와 문화에 관한 지적 호기심을 충족시켰다. 그렇기에 우리도 이번 지중해

여행을 통해 '기쁨의 보물'을 얻었다고 자평하며 워싱턴 D.C.로 귀환했다.

에필로그

산과 강은 바다로 흘러간다

우리는 한 달 동안 중부 독일의 평원과 독일과 이탈리아의 알프스, 지중해와 아드리아 해를 직접 차를 몰고 다니며 역사와 문화를 이해하고, 세계인들과 소통했다. 이를 통해 필자는 문명 속에 야만이 있고, 야만 속에 문명이 있다는 역사의 교훈을 확인할 수 있었다. 또한 크로아티아 전쟁과 보스니아 인종청소에서 문명이 야만이 되고 야만이 문명이 되는 모습을 보았다. 그리고 아드리아 해에서 수만의 목숨이 풀잎처럼 쓰러지는 모습과 크로아티아의 아름다운 해변과 세계에서 가장 아름답다는 보스니아의 모스타르 다리에서 벌어진 포격전이 내 눈 망막에 겹치면서 야만과 문명을 동시에 갖고 있는 인간의 이중성에 치를 떨었다.

독일의 하노버에서는 미군들이 전쟁을 종식시키기 위해 융단폭격을 가했고 그 결과 유서 깊은 한자동맹도시국가였던 하노버는 일순간에 잿더미가 되어 복구를 위해 수십 년간 피와 땀을 흘려야 했다는 이야기를 확인하며 도대체 악과 선을 가르는 기준은 무엇인가에 대한 해답을 찾았다. 마키아벨리는 정치는 도덕과 윤리와 분리되어야 한다고 했지만, 도덕과 윤리와 분리된 정치를 했을 때 가난하고 약한 소수자의 인권은 누가 지켜줄 것인가의 문제에 봉착할 수밖에 없다는 것을 알았다.

그래서 이번 여행에서 느낀 단상을 잘 함축할 수 있는 제목으로 《산과 강은 바다에서 만나고》를 선택했다. 이 제목은 알프스의 높은 산의 계곡에서 졸졸거리며 평화롭게 내려오던 물이 다른 지류에서 내려오던 물과 만나 강을 이루고 그 강은 바다에서 다른 강들과 만나 섞이면서 하나의 거대한 바닷물에 녹는다는 것을 형상화한 것이다.

우리는 이탈리아 알프스 끝자락인 돌로미테의 거대한 바위산을 보았고 크로아티아의 플리트비체의 산, 호수, 그리고 폭포에서 포근하게 감싸주는 관후인자(寬厚仁慈)를 보았다. 그리고 돌로미테의 바위산에서 흘러내리는 물과 플리트비체의 맑은 호수와 폭포물이 아드리아 해에서 만나 하나로 섞인다는 사실을 확인하였다. 또한 우리는 피사, 라스페치아, 친퀘테레의 강물이 이탈리아 지중해에서 만나고, 베네치아, 베로나, 라벤나의 강물이 서아드리아 해에서 만나 두브로브니크, 스플리트, 시베니크, 자다르, 모스타르, 자그레브, 류블랴나로부터 동아드리아 해로 내려온 물과 합류함으로써 동서 유럽의 지중해 문명이 통합된다는 것도 알았다.

발원지가 다른 산에서 계곡으로 흘러 내려온 물들은 처음에는 서로 매우 달랐을 것이다. 그러나 그 물들이 하나의 강에서 만나고, 그 강이 다시 지중해와 아드리아 해로 흘러 들어갔을 때 그 물들은 자기만의 정체성을 가지고 있음에도 불구하고 다른 물들과 함께 숨 쉬고 노래하며 한 몸이 된 것이다. 우리는 위압적이나 아름다운 이탈리아, 오스트리아, 독일 알프스, 유럽 도시국가의 군주와 추기경의 성과 요새, 독일의 아름다운 로만티셰슈트라세에서 상업을 하는 부르주아지, 그리고 그 아래 들판에서 땀을 흘리고 있는 농민들의 모습을 담으려 했다.

우리가 지중해, 아드리아 해의 도시국가들에서 보았던 것처럼 지중해 시대는 1588년 스페인 무적함대가 드레이크 제독이 이끄는 엘리자베스 여왕의 영국 함대에 참패함으로써 종말을 고했다. 지중해 시대의 종언은 역설적으로 지중해에 평화를 가져왔다. 베네치아 상선대를 약탈하기 위해 리아스식 아드리아 해안의 외진 섬과 항구에 숨어 있던 해적들이 모두 소탕되자 군주들은 합종연횡하여 번갈아가며 크로아티아 달마티아를 지배했다. 그러나 종국에는 크로아티아, 보스니아, 슬로베니아 도시들을 에워싼 강물이 아드리아 해에서 하나로 합쳐지듯 과격한 종족갈등과 전쟁도 멈추고 이제 NATO가 평화를 보장하고 EU가 경제적 풍요를 지원하면서 자유와 풍요가 넘치고 안전이 보장되는 서유럽의 선진국처럼 되어가고 있다.

필자는 이 책의 부제를 '정치학자 임혁백 교수와 떠나는 지중해 역사문화'라고 붙였다. 필자는 단순한 관광가이드북을 쓰려한 것이 아니다. 오랜 역사와 다양한 문화가 섞인 이탈리아, 중부 독일, 알프스, 지중, 그리고 아드리아 해의 역사와 문화를 제대로 이해할 수 있는 교양서를 쓰고 싶었다. 필자가 이번 여행에서 배운 역사의 교훈은 무엇인가? 공자는 《주역 계사전》(周易 繫辭傳)에서 반드시 명심해야 할 주의사항으로 창왕찰래(彰往察來)를 이야기했다. 과거를 바로 세워야(彰) 돌아오는 미래를 성찰할 수 있다는 것이다. 우리는 밝은 미래의 비전과 꿈을 설계하기 위해 먼저 과거를 바로 세워야 하는 것이다. 그

여기서 '지중해'는 페르낭 브로델(Fernad Braudel)의 문화지리적인 지중해 개념을 따랐다. 그의 지중해는 스페인에서 시작하여 남부 프랑스, 이탈리아, 남부독일, 오스트리아, 아드리아 해 연안국들, 러시아, 터키를 포함한다.

러나 지금 우리나라에서 벌어지고 있는 과거 바로 세우기는 대한민국이 과연 민주국가인가 의심될 정도로 창피한 수준에 머무르고 있다. 우리는 이 여행을 통해 르네상스 이탈리아 시대의 춘추전국을 보았고, 해적과 비잔티움 황제의 대화에서 달마티아 해적들이 왜 베네치아 상선대에 올라 노략질을 할 수밖에 없었는지에 대해 알게 되었다. 그리고 발칸반도 국가들이 종교와 종족이 다르다는 이유만으로 잔혹한 전쟁을 벌인 이유에 대해서도 조금은 이해하게 되었다. 독일은 제2차 세계대전 후 사과하고 또 사과하여 통일을 이룩했지만 독일 민족 속에 살아있는 전쟁 DNA를 평범한 독일 농부, 상인, 호텔 주인 등 우리가 만난 보통 독일인에게서 발견하고는 전쟁이 아직 완전히 끝나지 않았다는 것을 알게 되었다. 그럼에도 불구하고 지금 유럽은 가장 평화로운 세기를 즐기고 있다. 그것은 자연히 이루어진 것이 아니다. 공자의 창왕찰래를 유럽인들이 받아들여 반성, 사죄, 관용으로 어두운 과거를 바로 세우고 그 바탕 위에 EU와 NATO 같은 평화와 번영을 기약하는 제도를 만들고 통합하여 유럽을 자유, 번영, 평화가 넘치는 낙원으로 만든 것이다. 우리는 역사에서 배워야 한다. 동아시아는 영토분쟁, 역사 고치기 등 민족주의 광풍을 일으켜 평화를 이루지 못하고 '동아시아인'으로 통합되지 못하고 있다. 역사에서 배우지 못하는 민족에게는 미래가 없다는 것이 공자의 창왕찰래의 본뜻일 것이다.

유럽여행을 통해 우리도 괴테가 목표로 했던 자아의 재발견과 여행 후의 재도약을 이루었는가에 대해서는 아직 확신이 서지 않으나 조금은 그렇게 되지 않았나 하는 생각을 해본다. 우리가 여행 전보다 더 지혜로워졌는지 확신할 수는 없지만 더 많은 지식과 경험을 쌓았다는 생각은 든다. 반면 고통과 황홀을 동시에 즐기는 디오니소스적 방랑자와 같은 여행을 한 것은 확실하다. 우리는 뮌헨의 마리엔플라츠에 있는 비어가르텐에서 생맥주를 마시며 디오니소스적 일탈의 광란을 즐겼고, 지중해 해안을 돌고 돌아 피사를 찾았고 그 주위에 있는 카페에서 피사에 대한 역사적 기적의 과학성에 대해 토론하였다. 우리는 흐바르 섬의 요트정박장과 숲과 해변이 보이는 숙소의 베란다에서 아드리아 해의 아름다움에 빠져 와인을 마셨다. 우리는 슬로베니아 블레드 호수와 성을 보며 호수와 성에 취했고, '달에 취했다'.

그렇다고 우리는 무작정 상경한 불량소년, 소녀처럼 까닭도 없이 집을 나간 '탈출의 여행'을 하지는 않았다. 우리에게는 5년간 여행을 기획하고 계획한 김 교수 부인이 있었고, 여행 중 사고의 위험으로부터 우리를 지켜준 '수호천사' 김 교수가 있었다. 그리고 '비상사태'가 발생하면 이를 해결해준 내 아내가 있었다.

회고해보면, 4인으로 구성된 우리 여행단은 가장 아름다운 화음을 만드는 사중주단(quartet)이었다. 두 부인네들은 제1바이올린과 제2바이올린, 김 교수는 비올라, 그리고 필자는 첼로였다. 각자 나름의 개성을 가지고 있었지만 4인조 '김 콰르텟'의 화음은 잘 맞았다. 김 콰르테트의 리더인 김 교수는 '물의 리더십'을 가지고 사중주단을 원만히 이끌면서 화음을 만들어 내었다. 다시 한 번 내 친구 김 교수에게 고마움을 전한다.

그는 우리가 하기 싫은 일들만 골라서 했다. 그러면서도 자신의 공에 대해서는 이야기하지 않았다. 그는 능숙하게 먼 나라의 시골 호텔을 예약했고, 계획한 시간에 맞추어 이동할 수 있도록 계획을 짰다. 그는 자신의 공을 다투지 아니함으로써 사중주단 멤버들을 조율할 수 있는 최적의 지도자가 될 수 있었다. 김 교수는 노자가 《도덕경》 16장에서 "致虛守靜 萬物竝作"(비우는 것을 지극히 하면 만물이 같이 일어난다)이라고 이야기한 지혜를 가진 인물이다. 자신의 이기적인 자아를 비우고 동행자들에게 안식하고, 거처하고, 일용할 수 있는 공간을 내어줌으로써 우리 모두가 행복한 여행을 할 수 있도록 배려해 주었다.

김 교수의 부인은 '르네상스 우먼'이었다. 르네상스 시대에는 그림, 조각, 천문, 지리, 역사에서부터 해부학까지 다방면으로 해박했던 천재 레오나르도 다 빈치를 '르네상스 맨'이라고 불렀다는데, 김 교수의 부인은 그에 못지않은 르네상스 우먼이었다. 그녀는 역사, 지리, 와인, 꽃과 나무, 약재까지 다 빈치보다 더 넓은 분야에 관통하고 있었다. 그녀가 가지고 있는 엄청난 양의 지식이 우리의 여행을 풍요롭고 풍성하게 해주었음은 말할 것도 없다. 이번 여행을 기획하고 계획한 그녀의 헌신적인 노력에 감사를 드린다.

그러나 내 아내도 사중주단의 여행을 성공시킨 주역 중 한 사람이다. 그녀는 독일의 아우토반은 물론 독일 알프스, 이탈리아의 돌로미테, 크로아티아와 보스니아의 비포장도로의 언덕과 산길을 과감하게 그러나 안전하게 운전했다. 종종 그녀가 나와 김 교수를 대신하여 차를 몰지 않았더라면 우리는 디오니소스적 여행을 할 수 없었을 것이다.

　반면 필자가 한 일은 아무것도 없었다. 다만 꼭 한 가지를 꼽자면 우리가 차를 타고 이동하는 동안 일행이 지루하지 않도록 재밌는 역사이야기를 끊임없이 해준 것이다. 필자는 노자의 '무위의 리더십'을 발휘한 것이 아니라 폰 몰트케(von Moltke) 장군이 이야기한 '게으른 리더십'을 실행했다고 말하고 싶다. 말하자면, 이번 여행에서 필자가 나서면 문제가 생기니까 그저 가만히 있는 것이 도와주는 것이라 생각하고 이를 실천에 옮겼다는 뜻이다. 그러므로 우리 사중주단 모두가 화음을 잘 맞추어 이 여행을 무사히 성공시켰고 멤버 모두가 그 성공에 기여했다고 감히 말할 수 있다.

주

1) 위그노의 대학살을 그린 대표적 명화로는 프랑수아 드부와(François Dubois)의 '성 바돌로매 축일의 대학살'(the Saint Bartholomew's Day Massacre)이 있다.

2) 뮌헨의 명주는 HB 호프브로이 외에도 아우구스트너(Augustner)가 있다.

3) 학센과 맥주의 조화로 유명한 비어가르텐은 호프브로이 하우스 외에도 학센바우어가 있다.

4) 실제는 '요세미티'이지만 대구법을 살리기 위해 일부러 '요세미테'라고 표기했다.

5) 그러나 한니발이 로마를 침략했을 때, 알프스를 횡단하던 중 거대한 암석에 가로막혀 행진을 할 수 없게 되자 그 암석을 불에 달궈, 식초를 끼얹어 암초를 깼다는 이야기가 있는데, 그 거대한 암석이 혹시 돌로미테의 큰 바위가 아닌가 하는 상상을 해본다.

6) 로미오가 죽는다는 것은 줄리엣의 자궁 속에서 오르가즘을 느끼는 환희의 순간을 은유로 표현한 것이다.

7) Tu lascerai ogne cosa diletta più caramente; e questo è quello strale che l'arco de lo essilio pria saetta. Tu proverai sì come sa di sale lo pane altrui, e come è duro calle lo scendere e'l salir per l'altrui scale.

8) 기베르티는 1401년 산 조반니 세례당 북쪽에 〈이삭의 희생〉을 조각하였다. 그는 이 두 작품을 20대에 조각하기 시작하여 60대에 완성하였다. 50년이라는 긴 시간을 들인 이 두 작품은 현재 피렌체의 걸작이 되었고 이를 보기 위해 전 세계로부터 수많은 관광객들이 모여들고 있다.

9) 페르미 국립가속기연구소는 국립이지만 시카고대학교가 운영하고 있다.

10) 2013년 3월 13일 신임 교황으로 선출된 아르헨티나의 호르헤 마리오 베르고글리오(Jorge Mario Bergoglio) 추기경은 자신의 교황이름을

성 프란체스코에서 따와 교황 프란체스코(Francesco)로 지었다.

11) 과일안주는 核(핵)으로 표기한다.

12) 已而歎曰 有客無酒 有酒無肴 月白風淸 如此良夜何 客曰 今者薄暮
    擧網得魚 巨口細鱗 狀似松江之鱸
    顧安所得酒乎 歸而謀諸婦 婦曰 我有斗酒 藏之久矣 以待子不時之
    須 於是攜酒與魚 復游於赤壁之下
    江流有聲 斷岸千尺

13) 다른 한 곳은 달마티아 지방의 킬리스(Kilis)이다.

14) 렉터(Rector)는 베네치아 공화국의 도제와 비슷하다. 두브로브니크의
    렉터는 선출된 귀족 출신 지배자이고 독재자가 되는 것을 방지하기
    위해 임기는 한 달로 제한되었다고 한다. 렉터궁은 정청을 의미하고
    의회 의사당이라는 의미도 포함하고 있다.

15) 유고슬라비아 전쟁 또는 구 유고슬라비아 연방의 전쟁이라고도 부른
    다.

16) 이 부분은 뉴욕 허드슨 강가의 레드 훅에 위치한 별장에서 아담 쉐보
    르스키 교수와의 대화 중에 얻은 지식이다.

17) 크로아티아인들이 서쪽의 세르비아 주거지로 이동했다는 뜻이다.

18) 대부분의 한글 성경에는 'rose of Sharon'을 '샤론의 수선화'로 번역했
    다. 이는 확실한 오역으로 필자는 '샤론의 장미'라고 번역하겠다.

19) 그렇다고 해서 우리나라 국화인 무궁화의 아름다움과 가치를 떨어뜨
    리려는 것은 아니다.

20) 밤베르크와 에르푸르트 중간에 있는 작은 마을이다.

참고문헌

공자, 이민수(편역) (2003), 《공자가어》, 을유문화사.

공자, 홍승직(역) (1994), 《논어》, 고려원.

괴테, 박찬기, 이봉무, 주경순(역) (2013), 《이탈리아 기행 1 & 2》, 민음사.

괴테, 박영구(역) (2003), 《괴테의 그림과 글로 떠나는 이탈리아 여행 1 & 2》, 생각의 나무.

괴테, 전영애(역) (2009), "소네트 7 이별", 《괴테 시 전집》, 민음사.

남인숙(2008), 《여자, 거침없이 떠나라》, 랜덤하우스코리아.

김남희(2008), 《유럽의 걷고 싶은 길》, 미래인.

노자, 박은희(역) (1994), 《노자》, 고려원.

라이너 마리아 릴케, 문현미(역) (2009), 《말테의 수기》, 민음사.

맹자, 홍승직(역) (1994), 《맹자》, 고려원.

뿌리깊은 나무(1989), 《한국의 발견 강원도 편》.

시오노 나나미, 정도영(역) (1996), 《바다의 도시 이야기: 베네치아 공화국 천 년의 메시지》, 한길사.

신범순(2005), "정지용의 시와 기행산문에 대한 연구: 혈통의 나무와 덕 혹은 존재의 평정을 향한 여행", 서울대학교.

자크 아탈리, 양영란(역) (2007), 《미래의 물결》, 위즈덤하우스.

임채원(2008), 《공화주의적 국정운영》, 한울아카데미.

임혁백(2009), 《신투자국가론》, 송정.

_____(2012), 《대선 2012: 어떤 리더십이 선택될 것인가?》, 인텔리겐찌야.

임혁백, 우준희(2009), "한국형 투자국가 모델의 필요성과 의의", 《신투자국가론》, 송정.

정약용(1818), 《목민심서》.

노암 촘스키, 지소철(역) (2004), 《해적과 제왕》, 황소걸음.

로저 크롤리, 우태영(역) (2011), 《500년 무역 대국: 부의 도시 베네치아》, 다른 세상.

Arendt, H. (1963), *Eichmann in Jerusalem: A Report on the Banality of the Evil*, Viking Press.

Auden, W. H. (2010). "Epigraph on Italian Journey" in Goethe, *Italian Journey*, London: Folio Society.

Brady Jr., Thomas A., Heiko A., Oberman, James D., Tracy (1994), *Handbook of European History 1400-1600*, Vol. 1: *Structures and Assertions: Late MIddle Ages, Renaissance, and Reformation*, Grand Rapids MI: William B. Eermans Publishing Co.

Braudel, F. (1972), *The Mediterranean and the Mediterranean World in the Age Philip* II, Vol 2, New York: Hamper.

_____(1973), *The Mediterranean and the Mediterranean World in the Age Philip* II, Vol 2, New York: Hamper.

Caciorgna, M. (2013), *Virginis Templum: Sienna Cathedral, Crypt, Baptistry*, Siena: Sillabe.

Alighieri, D. (1293), *La Vita Nuova* III.

Alighieri, D. & Mandelbaum, Allen (1995), *The Divine Comedy: Inferno, Purgatorio, Paradiso*, New York: Everyman's Library.

Desing, J. (2012), *Royal Castle Neuschwanstein: The King and His Castle*, Lechbruck, GE: Klaus Wihelm Klenbeerger Gmbh.

Duiker, William J., Jackson J. S., (2004), *World History* Vol 1: *To 1800*, New York: Thompson Learning.

Epstein, N. (1994), *The Friendly Shakespeare*, New York: Penguin Books.

Eyewitness Travel (2012), *Italy*, New York: Dling Kindersley Limited.

Zoppe, Leandro, O'Leary, Ian (2012), *Croatia*, New York: Dling Kindersley Limited.

Field, D. M. (1977), *Greek and Roman Mythology*, Secaucus, NJ: Chartwell Books.

Forges, N. (2012), *The Splender of Italy: A Portrait in Pictures*, New York: Metro Books.

Gazi, S. (1973), *A History of Croatia*, New York: Philosiphical Library.

Girauds, A. (1884/2001) "Moondrunk"(Mondestrunken) in *Pierrot Lunaire: Rondels Bergamasques*. trans. by Gregory C. Richter Kiykville, Mo: Truman State University Press, 2001.

Goethe, Johann Wolfgang von (1992), *Italian Journey: 1786-1788* trans.

by W. H. Auden and Elizabeth Mayer, New York: Penguin Classics.

Gray, L. (2011), *Herbs and Spices*, New York: Skyhorse Publishing.

Grims(2012), *Complete Fairy Tales*, New York: Fall River Press.

Haden & Thomas, F. (2012), *Venice: A New Story*, New York: Penguin Books.

Hearder, H. (2001), *Italy: A Short History*, Cambridge: Cambri dge University Press.

Heatley, M. (2011), *Italy*, New York: Chartwell Books.

Insight Guides(2009), *Germany*, third edition, Singapore: Apa Pub. Gmbh.

Hilton, J. (1933), *Lost Horizon*.

Lane, F. C. (1973), *Venice, A Maritime Republic*, Baltimore: Johnd Hopkins University Press.

Nicetic, A. (1996), *History of Port of Dubrovnik*, Dubrovnik: Zavod za porijesne znanosti HAZU.

Machiavelli, N. (1977), *The Prince*, trans. by Robert M. Adams, New York: W. W. Norton.

Steves, R. & Hewitt, C. (2012), *Croatia and Slovenia* 4th edition, Berkeley, CA: Avalon Travel.

Zadar Tourist Board(2012), *Zadar*, Croatia: Zvonko Supe.

김현주 교수의 홀로 세계여행기

반도를 떠나 대륙을 품다

김현주 지음 · 368쪽 · 2014년 3월 1일 · 16,000원

지난 4년 반 동안 갖은 사연을 엮어주었던 세계의 산과 들, 도시와 바다가 눈에 밟힌다. 인생을 살면서 여행보다 강렬한 기억이 또 있을까? 언제 그 많은 낯선 곳들을 헤맸느냐는 듯 지금은 능청스레 일상으로 돌아와 있지만, 눈앞에는 겁 없이 도전했던 미지의 세계가 여러 겹의 잔상이 되어 자꾸만 어른거린다. − '책을 펴내며' 중에서

자, 숨 한번 크게 고르고 세계로 떠나보자!

56개국의 도시, 거리로 환산하면 지구 8바퀴. 저자가 세계 각지에서 남긴 생생한 기록들과 사연들을 유쾌하고 따뜻하게 풀어냈다. 여러 권에 실어도 모자라는 분량을 한 권의 책에 야무지게 다져 넣은 별난 여행서로, 이 책 한 권만 가지면 곧바로 떠나도 될 만큼 여행기에 담긴 정보는 다양하고 충분하다.

나남
nanam
Tel : 031-955-4601
www.nanam.net

인권학자 박찬운 교수의 로마문명 이야기

로마문명 한국에 오다

박찬운 지음 · 340쪽 · 2014년 5월 15일 · 20,000원

인권학자 박찬운 교수의 로마문명, 그리고 대한민국 이야기

박찬운 교수는 로마문명 위에 서서 끊임없이 대한민국을 되돌아본다. 판테온 앞에서 석굴암과 국회의사당을, 로마가도 위에서 대한민국의 모습을, 그리고 카이사르 석상 앞에서 우리의 지도자들을 생각한다. 그에게 역사는 우리의 현재와 미래를 이해하고 설명하기 위해 존재한다. 그리고 그가 써내려가는 로마문명과 대한민국 현실의 교차 속에 로마문명 또한 더 깊은 속살을 우리에게 드러내 보인다.

〈오마이뉴스〉 인기 연재물 "박찬운의 로마문명 이야기" 단행본으로 출간

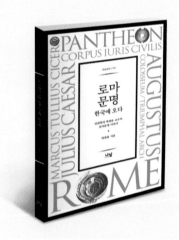

나남
nanam
Tel:031-955-4601
www.nanam.net